Mit ein bisschen Glitzer geht alles ...

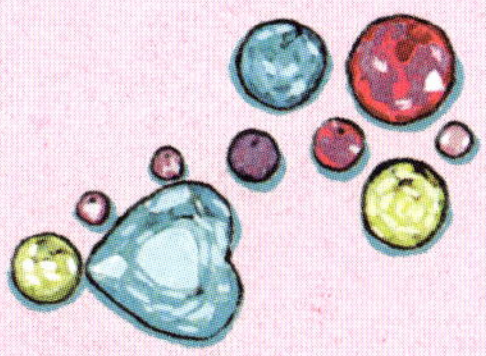

Nikki Busch

# Dein Mädchen Buch

Lieblingsbuch

> 230 Ideen für mehr Glitzer im Leben

Design und Illustrationen
von Christiane Hahn

Dieses Buch gehört:
Katie Bernardt
Kissy Joke

CARLSEN

Die Aussagen in diesem Buch sind vom Autor und Verlag sorgfältig erwogen und geprüft worden. Dennoch kann keine Garantie auf Vollständigkeit übernommen werden. Eine Haftung für Personen-, Sach- und Vermögensschäden ist ausgeschlossen.

Noch mehr tolle Bücher findest du überall im Buchhandel und auf www.carlsen.de


Konzept und Text: Nikki Busch
Design und Illustrationen: Christiane Hahn
Lektorat: Sabrina Janson
978-3-551-18783-3

MIX
Papier | Fördert gute Waldnutzung
FSC
www.fsc.org
FSC® C018236

Wir produzieren nachhaltig
• Klimaneutrales Produkt
• Papiere aus nachhaltigen und kontrollierten Quellen
• Hergestellt in Europa

# Einleitung

Dieses Buch gibt es nur einmal, denn wenn du es gelesen und ausgefüllt hast, dann ist es dein ganz persönliches Mädchenbuch mit deinen Bildern, Empfindungen, Erlebnissen, Testergebnissen und Geheimnissen.

Außerdem findest du hier:

- Bastelanleitungen für Deko und Geschenke 

- leicht nachzumachende Back- und Kochrezepte 
- einiges Wissenswertes und auch Quatsch und Witze 
- entspannende Ausruh-Übungen.  Wenn du dich darauf einlässt, wirst du schnell merken, wie gut es ist, mal runterzukommen.

Alle Lösungen stehen ganz am Ende deines Buches.
Genauso ein Register mit den Rezepten und Bastelanleitungen.
Du kannst das Buch von vorn bis hinten durchlesen, aber auch einfach aufschlagen und sehen, was dich anspringt.

Viel Spaß und denk dran:

Heute ist der perfekte Tag, um sich mit Glitzer zu bewerfen.

# 1. Wie lautet dein magischer Name?

Setze ihn aus dem ersten Buchstaben deines Vornamens und deinem Geburtsmonat zusammen.

| | | | | | |
|---|---|---|---|---|---|
| A | Ananasty | J | Jungle | S | Sweety |
| B | Beauty | K | Kissy | T | Teeny |
| C | Crazy | L | Lovely | U | Ultra |
| D | Dark | M | Magic | V | Vampy |
| E | Elektra | N | Naschy | W | Wonderful |
| F | Funky | O | Oriental | X | Xenia |
| G | Glitter | P | Pinky | Y | Young |
| H | Happy | Q | Quirrly | Z | Zara |
| I | Indian | R | Red | | |

| | | | |
|---|---|---|---|
| Januar → | Snow | Juli → | Sun |
| Februar → | Star | August → | Body |
| März → | Rainbow | September → | Rain |
| April → | Joke | Oktober → | Unicorn |
| Mai → | Flower | November → | Dream |
| Juni → | Horse | Dezember → | Cake |

# 2. Deine persönliche Schneekugel

**DU BRAUCHST DAZU:**

- Ein sauberes Marmeladenglas mit Schraubdeckel
- Eine Figur deiner Wahl aus Gummi oder Kunststoff
- Wasserfester Kleber
- Glitterpulver oder Kunstschnee aus dem Bastelladen
- Destilliertes Wasser aus dem Supermarkt
- Ein paar Tropfen Spülmittel

1. Klebe zuerst deine Figur auf die Innenseite des Glasdeckels und lass sie gut antrocknen.
2. Fülle dann den Glitter oder den Kunstschnee in das Glas und gib das destillierte Wasser dazu. Pass mit der Menge des Glitters auf und fülle lieber später etwas nach. 2 bis 3 Tropfen Spülmittel verhindern, dass der Glitter oder der Kunstschnee verklumpen.
3. Verschließe den Deckel gut und fertig ist deine Glitzer-Schneekugel.

# 3. Kurz durchatmen

Nimm dir jeden Tag das Gleiche vor, das du ganz bewusst und in Ruhe genießen kannst. Handy, Computer oder Fernseher bleiben in dieser Zeit aus. Hier sind einige Vorschläge:

- Einen Apfel essen.
- Einen selbst gemachten Smoothie trinken.
- Ein Bild malen.
- 10 Minuten aus dem Fenster schauen.
- Einen Spaziergang um den Block machen.

**Fällt dir noch mehr ein?**

- Breathing
- read book

# 4. Poesie

lige luck glitter

Denk dir ein kurzes Gedicht aus, das sich reimt und in dem die Wörter **LEBEN**, **GLÜCK** und **GLITZER** vorkommen.

- My lige is gull og luck,
- With glitter in my eyes,

I never gear when times feel stuck.

# 5. Glücksmomente und Glitzerstreuer

Trage fünf Dinge ein, die dich glücklich machen:

1. Books
2. Oma + Opa
3. mum + dad
4. play "Hilo"
5. Use this book

Schreibe fünf Sachen aus deinem Leben auf, die definitiv mehr Glitzer vertragen können:

1. 
2. 
3. 
4. 
5. 

# 6. Meine Tagesform

Wie geht's dir heute? Mach ein Kreuz an der zutreffenden Stelle zwischen 1 und 10.

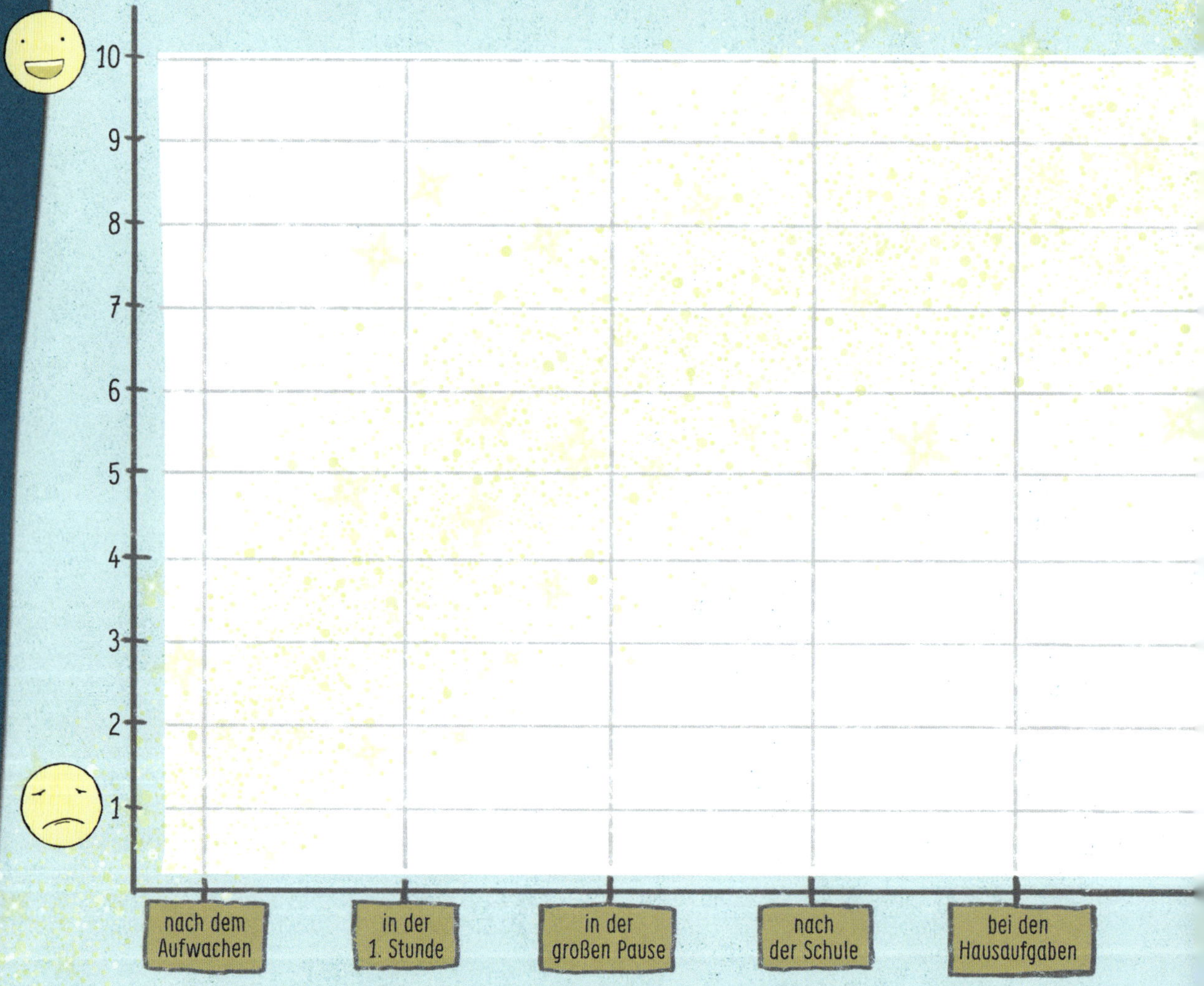

# Jeder Tag ist ein Geschenk. Aber manchmal könnte die Verpackung schöner sein.

1 bedeutet „total miserabel" und 10 ist „besser geht's nicht". Verbinde am Abend die Kreuze mit einer Linie. So kannst du deine Tagesform in Gestalt einer Kurve ablesen.

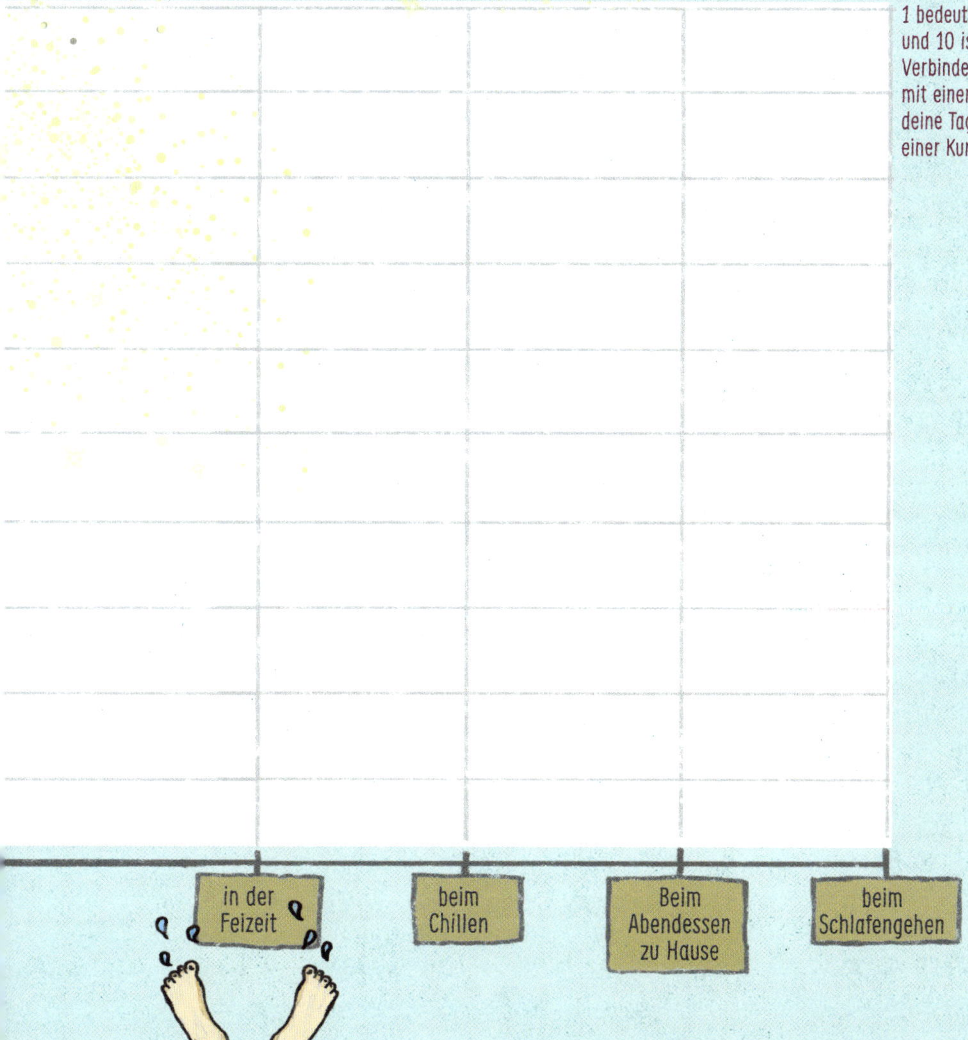

# 7. Total erfrischend

Immer dieses süße Zeug aus dem Supermarkt ist langweilig. Mach dir selbst ein leckeres Erfrischungsgetränk.

## ERDBEER-KIRSCH-ZITRONENMELISSEN-LIMONADE

**ZUTATEN:**

- 20 Erdbeeren
- Saft einer Zitrone
- 1/2 Flasche Kirschsaft
- 5 Stiele Zitronenmelisse
- Sprudelwasser

**ZUBEREITUNG:**

Püriere zuerst die Erdbeeren und gieß dann den Zitronensaft und den Kirschsaft dazu. Schneide die Blätter der Zitronenmelisse in dünne Streifen und gib alles in eine schöne Karaffe und fülle mit Sprudelwasser auf.

## ZITRONEN-INGWER-HOLUNDERBLÜTEN-MINZ-LIMONADE

**ZUTATEN:**

- 700 ml Sprudelwasser
- Eine unbehandelte Zitrone
- 12 Minzblätter
- Ein Stück Ingwer, walnussgroß
- 100 ml Holunderblütensirup

**ZUBEREITUNG:**

Schneide die Zitrone in dünne Scheiben. Schäle den Ingwer und gib ihn mit der Zitrone und den Minzblättern in eine Karaffe. Drück die Zitronen mit einem Holzlöffel leicht aus. Gieß den Sirup dazu und fülle alles mit Sprudelwasser auf.

**TIPP**

In der kalten Jahreszeit kann man auch heißes Wasser dazugeben. Das kochende Wasser aber leicht abkühlen lassen, bevor man es aufgießt, damit die Vitamine erhalten bleiben.

# 8. Catwoman oder Cinderella?

Stell dir vor, du könntest dir eine andere Persönlichkeit aussuchen. In welche würdest du gern kurz mal schlüpfen? Schreibe den Namen hinter die verschiedenen Kategorien.

- Animationsfilm: ______________________
- Buch: ______________________
- Liebesfilm: ______________________
- Märchen: ______________________
- Mode: ______________________
- Schauspieler-in: ______________________
- Jemand ganz anderes, nämlich: ______________________

______________________

## 9. Mach mal Werbung!

Denk dir einen Namen und ein Logo für ein neues Parfüm aus und male es auf den Flakon. Fällt dir auch ein cooler Werbespruch dafür ein?

Werbespruch:

## 10. Höhepunkt und Tiefen

Worauf bist du richtig stolz?

Wofür hast du ein Trostpflaster gebraucht?

Was war dir so peinlich, dass du im Erdboden verschwinden wolltest?

## 11. Das ist mein Lieblingswitz

# 12. Das macht mich aus

Kreise fünf Eigenschaften ein, die deine Persönlichkeit beschreiben.

- cool
- aufgeschlossen
- zuverlässig
- unordentlich
- spontan
- hilfsbereit
- neugierig
- mitteilsam
- sportlich
- emotional
- ungeduldig
- wild
- fair
- verträumt
- entspannt
- ordentlich
- anständig
- schüchtern
- launisch
- sparsam
- witzig
- höflich
- fantasievoll
- großzügig
- stur
- clever

# 13. Mein Temperament

Die vier Temperamente beschreiben, wie ein Mensch sich verhält. Findest du dich in einem Temperament wieder oder bist du eine Mischung von mehreren?

### ★ DIE CHOLERIKERIN = DIE WILLENSSTARKE

- schnell wütend
- ehrgeizig
- entscheidet gern
- mutig
- stur
- abenteuerlustig
- einfallsreich
- ungeduldig

### ★ DIE SANGUINIKERIN = DIE LEBHAFTE

- aufgeschlossen
- chaotisch
- gesellig
- launisch
- lebhaft
- leichtsinnig
- vergesslich
- spontan

### ★ DIE MELANCHOLIKERIN = DIE NACHDENKLICHE

- treu
- fleißig
- pingelig
- poetisch
- schüchtern
- rücksichtsvoll
- verträumt
- zuverlässig

### ★ DIE PHLEGMATIKERIN = DIE RUHIGE

- einfühlsam
- entspannt
- lässig
- gern mal faul
- hilfsbereit
- vermittelt bei Streit
- geduldig
- unentschlossen

★ Mein Temperament ist: ____________________

★ Ich bin eine Mischung aus: ____________________

# 14. Meine Figur gehört zu mir

Jeder Körper ist schön und hat eine andere Form.
Welcher Körpertyp bist du?

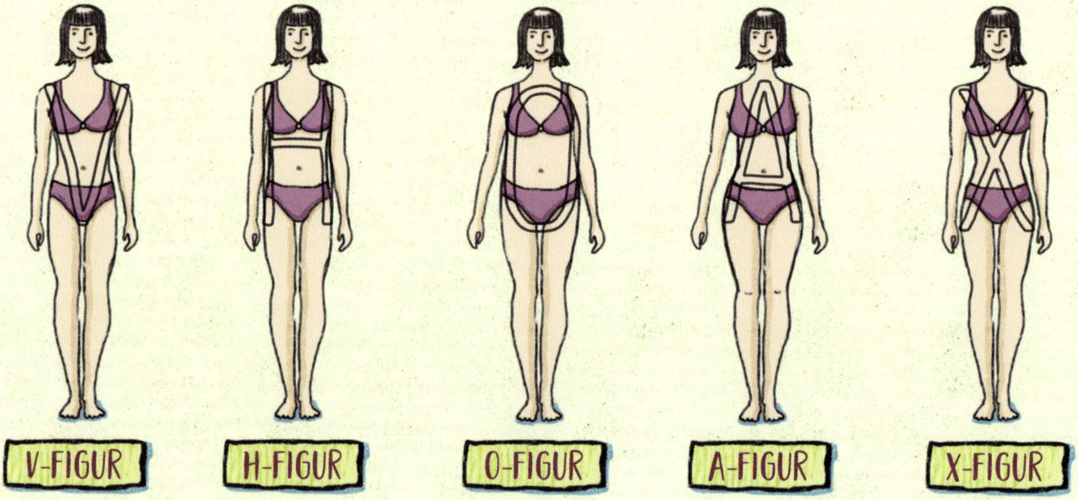


Was findest du an deinem Körper richtig toll?

________________________________________

________________________________________

________________________________________

*Sei du selbst, alle anderen gibt es schon!*

15.

# Meine Lieblingsklamotte

Male deine Lieblingsklamotte und verschönere sie mit ganz viel Glitzer.

# 16. Das Gitter der Verlockung

Finde in dem Buchstabengitter senkrecht oder waagerecht zehn Leckereien. Die Lösung findest du auf Seite 220.

| | | | | | | | | | | | |
|---|---|---|---|---|---|---|---|---|---|---|---|
| W | E | S | C | H | O | K | O | L | A | D | E |
| R | T | Z | H | U | I | O | P | I | Ü | A | S |
| H | D | F | I | G | H | J | K | M | L | Ö | M |
| A | Ä | M | P | N | B | V | C | O | L | A | C |
| M | X | A | S | Y | M | V | F | N | H | R | P |
| B | Z | P | H | U | S | K | K | A | A | S | O |
| U | E | I | N | W | A | G | D | D | S | D | M |
| R | F | Z | B | E | D | Ö | N | E | R | H | M |
| G | G | Z | G | R | S | M | S | G | W | K | E |
| E | H | A | N | T | D | E | W | Ä | E | I | S |
| R | N | F | M | Z | F | R | K | R | M | Z | A |
| M | W | E | I | N | G | U | M | M | I | T | Ö |

# 17. Genuss-Pause

Gönn dir eine Pause und genieße. Such dir ein gemütliches Plätzchen, wo dich keiner stört. Nimm einen leckeren Bonbon, ein Stück Schokolade oder eine andere Kleinigkeit in den Mund. Schließe die Augen und spüre deine Sinne: Ist es süß oder salzig, hart oder weich? Gibt es Geräusche beim Kauen oder Schlucken? Kannst du etwas riechen?

Verzichte niemals auf Genuss. Wer genießen kann, braucht keine Masse.

# 18. Blütenkranz

Male den Blütenkranz bunt aus.

# 19. Sternzeichen und ihre Glückssteine.

| | STERNZEICHEN | DATUM | GLÜCKSSTEINE | NAME |
|---|---|---|---|---|
| | WASSERMANN | 21.01.–19.02. | Amethyst, Bergkristall, Labradorit | |
| | FISCHE | 20.02.–20.03. | Jade, Koralle, Mondstein | |
| | WIDDER | 21.03.–20.04. | Roter Jaspis, Koralle, rotes Tigerauge | |
| | STIER | 21.04.–20.05. | Achat, Moosachat, Rosenquarz | |
| | ZWILLINGE | 21.05.–21.06. | Aquamarin Bernstein, Mondstein | |
| | KREBS | 21.06.–22.07. | Aventurin, Karneol, Olivin | |

Welcher Glücksstein passt zu welchem Sternzeichen?
Und wen kennst du mit diesem Sternzeichen?
Trage die Namen ein.

| | STERNZEICHEN | DATUM | GLÜCKSSTEINE | NAME |
|---|---|---|---|---|
| | LÖWE | 23.07.–23.08. | Bernstein, Labradorit, Pyritquarz | |
| | JUNGFRAU | 24.08.–23.09. | Amazonit, Citrin Lapislazuli | |
| | WAAGE | 24.09.–23.10. | Blauquarz, Chrysokoll, Jade | |
| | SKORPION | 24.10.–22.11. | Amethyst, Citrin, Fluorit | |
| | SCHÜTZE | 23.11.–21.12. | Lolith, Rutilquarz, Sodalith | |
| | STEINBOCK | 22.12.–20.01 | Hämatit, Onyx, Perle | |

# 20. Mein Schwarm und ich

Das ist der ultimative Schnelltest. Passt ihr zusammen?
Schreibe zuerst eure beiden Namen in Großbuchstaben untereinander:

Beispiel: U L R I K E – K A Y A Z A P I N C Z K Y
M A X – D A V I D L Ö F F E L S T I E L

Streiche jetzt alle Buchstaben in beiden Namen durch, die ihr gemeinsam habt:

U ~~L~~ R ~~I~~ K ~~E~~ – ~~K~~ ~~A~~ Y ~~A~~ Z ~~A~~ P ~~I~~ N C Z K Y
~~M~~ ~~A~~ X – D ~~A~~ V ~~I~~ D ~~L~~ Ö F F ~~E~~ ~~L~~ S T ~~I~~ ~~E~~ ~~L~~

Bei den übrig gebliebenen Buchstaben zähle Folgendes ab:
Liebe – Freundschaft – Sehnsucht – Hass
Welches Wort bleibt beim letzten Buchstaben stehen?

U R K Y Z P N C Z K Y = Sehnsucht
X D V D Ö F F S T = Liebe

Das sieht doch gut aus. Und bei dir?

# 21. Miese Stimmung?

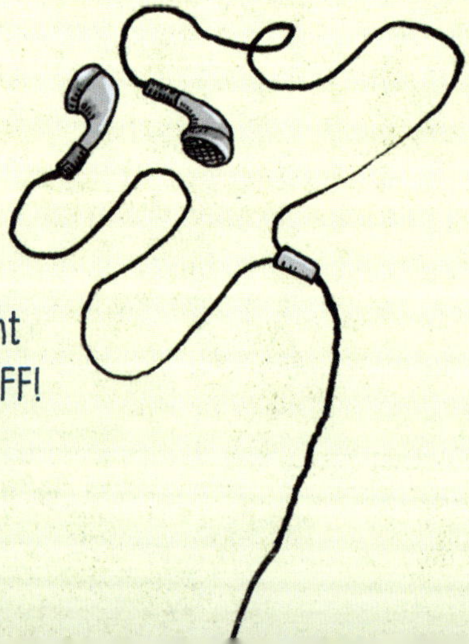

Dann zieh sofort deine Lieblingsklamotten an,
schmeiß deine Lieblingsmusik an und reite dein Einhorn!
Wenn dein Einhorn gerade eine Pause braucht, hilft vielleicht
auch ein laaaanges Telefongespräch oder Chat mit deiner BFF!

# 22. Klunkerarm

Male an den Arm ganz viele verschiedene Armreifen und Ringe.

# 23. Glitzerlady, Sportskanone oder Naturmädchen?

Teste, was du für ein Typ bist. Addiere die Zahlen hinter den Antworten und sieh dir dann die Auswertung auf Seite 220 an.

**1.** Was siehst du, wenn du deinen Kleiderschrank öffnest?

- ◯ Pink und Glitzer (5)
- ◯ Selbstgenähtes und Biostoffe (2)
- ◯ Sportliches und Bequemes (3)

**2.** Welche Einladung eines Jungen würde dich am meisten ansprechen?

- ◯ Kommst du mit zum Fußballspiel? (3)
- ◯ Machst du mit bei den Pfadfindern? (2)
- ◯ Willst du mit mir „Die Schöne und das Biest" sehen? (5)

**3.** Welcher Typ Junge gefällt dir am besten?

- ◯ Ein cooles Justin-Bieber-Double (5)
- ◯ Eine muskulöse Elias-M'Barek-Gestalt (3)
- ◯ Ein engagierter Mats-Hummels-Typ (2)

**4.** Was würdest du am liebsten machen?

- ◯ Andere vom Umweltschutz überzeugen (2)
- ◯ Einhörner züchten (5)
- ◯ An den Olympischen Spielen teilnehmen (3)

5. Was hältst du von veganer Ernährung?
- ◯ Solange der Teller pink ist, ist alles okay. (5)
- ◯ Bekommt man damit genug Energie? (3)
- ◯ Gut für die Tiere, gut für uns Menschen. (2)

6. Deine Lieblingssendung im Fernsehen ist:
- ◯ „Hund, Katze, Maus" (2)
- ◯ „Germany's Next Topmodel" (5)
- ◯ „Die Ninja Warrior" (3)

7. Welches Haustier würdest du gern haben?
- ◯ Ein Pferd für lange Ausritte im Wald (2)
- ◯ Eine Katze zum Kuscheln (5)
- ◯ Einen Dalmatiner zum Joggen (3)

8. Welcher Spruch trifft auf dich zu?
- ◯ Lieber Glitzer-Queen als Getto-Prinzessin. (5)
- ◯ Es gibt kein WIFI im Wald, aber eine viel bessere Verbindung. (2)
- ◯ Einen Tag ohne Sport ist wie Shoppen ohne Geld. (3)

9. Welche Schuhe würdest du zum ersten Date anziehen?
- ◯ Funkelnde High Heels (5)
- ◯ Ist das wirklich wichtig? (2)
- ◯ Coole Sneakers (3)

Deine Punkte:

1. ____________
2. ____________
3. ____________
4. ____________
5. ____________
6. ____________
7. ____________
8. ____________
9. ____________

= ____________

# 24. Was sind denn das für Typen?

Wer hat dich so geärgert, dass du sie oder ihn in die Tonne treten könntest?

Und wem könntest du heute einen Stern schenken?

# 25. Glitzer für dein Zimmer

Für mehr Glitzer in deinem Zimmer sorgen diese selbst gemachten Vasen. Du kannst auch Stifte oder Schminksachen darin aufbewahren oder sie als Teelichterhalter benutzen.

**DIY-TIPP**
Leg dir großzügig Papier auf deine Bastelfläche, denn der Glitzer verteilt sich überall.

**DU BRAUCHST:**

- ★ Saubere und schön geformte Flaschen, Einmachgläser oder alte Glasvasen
- ★ Sprühkleber (normaler Kleber geht auch, kann aber meist nicht so dünn und gleichmäßig aufgetragen werden)
- ★ Glitzerpulver
- ★ Sticker, Scherenschnitte oder anderes Dekomaterial

1. Sprühe die sauberen Gläser von außen mit Kleber ein. Achte darauf, dass ein Fenster geöffnet und der Raum gut belüftet ist.
2. Wenn du außer Glitzer noch Motive auf deinen Vasen haben willst, klebe diese zuerst auf die Gläser.
3. Streue zügig das Glitzerpulver darauf und schüttle den überflüssigen Glitzer von den Motiven ab.
4. Lass alles gut trocknen.
5. Reicht dir der Glitzer nicht, musst du dein Glas noch mal mit Kleber einsprühen und erneut Glitzer darüberstreuen.

# 26. Mein Lebensmotto

Schreibe deinen Lieblingsspruch auf dieses Schild. Kopiere es, schneide es aus und klebe es auf stabilere Pappe. Danach kannst du es dir aufhängen oder an der Tür anbringen.

Brauchst du noch Anregungen?

- ★ Ich bin nicht auf der Welt, um so zu sein, wie andere mich gern hätten.
- ★ Was nicht glitzert, taugt nichts.
- ★ Guten Freunden gibt man kein Küsschen, sondern das WLAN-Passwort.
- ★ Es heißt, tolle Jungs gibt's an jeder Ecke. Warum hat der liebe Gott die Erde dann rund gemacht?
- ★ Beste Freundinnen beruhigen sich nicht. Sie regen sich zusammen auf.
- ★ Ein Tag ohne mich ist zwar möglich, aber wer will das schon?
- ★ Lieber ein Original mit Fehlern als eine perfekte Kopie.
- ★ Ich bin wie eine Ananas: Ich stehe aufrecht, trage eine Krone und bin total süß.
- ★ Ich bin nicht klein, sondern nur auf das Beste reduziert.
- ★ Ich und KINDISCH?! Komm Einhorn, wir gehen schaukeln.
- ★ Heiligenschein? Hatte ich schon, steht mir nicht.
- ★ Bevor es peinlich wird, frag ich lieber Google.

# 27. Glückskekse selber backen

Backe für deine Familie und Freunde Glückskekse mit Glitzerbotschaften.

## DU BRAUCHST DAFÜR:

- 2 Eier
- 130 g Zucker
- 80 g flüssige Butter
- 100 g Weizenmehl
- Eine Prise Salz
- 12–16 kleine Zettel mit Glücksbotschaften
- Backpapier und ein Backblech
- 3–4 normale Trinkgläser

**TIPP**

Backe immer nur 3–4 Kekse und Bring sie dann in Form. Wenn du alle Kekse zusammen backst, sind die letzten schon zu fest geworden, um sie zu knicken.

## ZUBEREITUNG:

**1. Die Glücksbotschaften:**

Als Erstes bereitest du kleine Zettel mit handgeschriebenen Sprüchen vor. Die Zutatenmenge reicht für 12–16 Glückskekse.

**2. Der Glücks-Teig:**

Heize den Backofen auf 175 °C vor und stelle ihn auf Umluft.

Trenne die beiden Eier in Eigelb und Eiweiß. Für die Kekse benötigst du nur die Eiweiße. Füge dann die flüssige Butter, ein wenig Salz und den Zucker hinzu. Zum Schluss folgt noch das Mehl. Vermenge alles zu einem glatten Teig.

**3. Die Glückskekse:**

Rolle den Teig aus und steche mit einem Glas Kreise aus, deren Durchmesser ungefähr 8 cm beträgt. Leg die Kreise auf das Blech und backe sie circa 5 Minuten. Werden die Ränder goldbraun, hol die Kekse aus dem Ofen.

Jetzt musst du schnell arbeiten, weil die Kekse sonst aushärten: Leg deine Zettel mit den Botschaften hinein und klapp den Keks in der Mitte zusammen und drück den Rand fest. Leg diesen Halbkreis mit der geschlossen Seite über ein Glas – so entsteht der typische Knick der Glückskekse. Fertig!

# 28. Quatsch-Chinesisch

Such die ersten drei Buchstaben deines Vor- und Nachnamens und schreibe deinen chinesischen Namen auf. Wie heißen deine Freunde und Familienmitglieder?

| | | | |
|---|---|---|---|
| A = ZU | I = FU | Q = PU | Y = MAI |
| B = KA | J = GE | R = ZA | Z = GO |
| C = DU | K = MA | S = CHI | Ä = RO |
| D = MI | L = NE | T = RU | Ö = NO |
| E = TO | M = HU | U = PI | Ü = MU |
| F = SA | N = XU | V = TU | |
| G = SHI | O = PO | W = RAN | |
| H = JU | P = DO | X = AM | |

# 29. Happy End

Bist du eine Romantikerin und kennst dich mit berühmten Liebespaaren aus? Dann verbinde immer zwei Namen mit einem Strich zu einem Liebespaar. Die Lösung findest du auf Seite 220.

- Barbie
- Susi
- Marge
- Hermine Granger
- Romeo
- EVE
- Nala
- Bella Swan
- Homer
- Robin Hood
- Ken
- WALL-E
- Ron Weasley
- Pocahontas
- Arielle
- Eric
- John Smith
- Aladdin
- Julia
- Strolch
- Simba
- Jasmin
- Edward Cullen
- Lady Marian

# 30. Top oder Flop?

Was findest du cool und was geht gar nicht? Streiche die NoGos durch und lass deine Highlights stehen.

- Actionspiele
- Plateau-Schuhe
- Ballett
- Bauchfreie Shirts
- Castingshows
- Daniela Katzenberger
- Zerrissene Jeans
- Die „Bravo"
- Mini-Rock
- Fußball
- Gefärbte Haare
- Hello Kitty
- Hip-Hop
- Jungs mit langen Haaren
- Kein Smartphone besitzen
- Klassische Musik
- Küsschen von Oma
- Lernen
- Lesen
- Liebesfilme
- Nagellack
- Parfümrausch
- Piercings
- Rauchen
- Schlager
- Schminken in der Schule
- Schwarze Klamotten
- Schweißgeruch
- Selbst gemachte Geschenke
- Spitzenbluse
- Sport in der ersten Stunde
- Tattoos
- Eltern bei Facebook
- Zwei Tage dasselbe anziehen

## 31. Modetrends

Schreibe drei Modetrends auf, die du cool findest.

1. ______________________________

2. ______________________________

3. ______________________________

## 32. Schöne Stichelei

Male dein Wunschtattoo oder klebe ein Bild ein.
Wenn für dich selbst kein Tattoo infrage kommt, male eins für eine Freundin.

# 33. Glitzer-Flitzer-Mobile

## DU BRAUCHST DAFÜR:

- Zwei schöne, 25–30 cm lange Äste
- 8–10 alte CDs oder Rohlinge
- Ausgedruckte Fotos, Servietten, ausgeschnittene Bilder, Perlen, Dekosteine
- 8–10 unterschiedlich lange Nylonfäden
- Basteldraht
- Bastelkleber

## SO GEHT'S:

1. Zuerst legst du die beiden Äste zu einem Kreuz und bindest sie fest mit dem Basteldraht zusammen. In der Mitte bringst du eine Schlaufe mit Nylonfaden zum Aufhängen an.
2. Leg einen langen Nylonfaden zwischen zwei CDs und klebe beide zusammen.
3. Verziere die CDs jetzt auf beiden Seiten mit Dekosteinen oder klebe Fotos deiner Liebsten oder andere Motive darauf.
4. Befestige die CDs mit den Nylonfäden an deinem Astkreuz. Zusätzlich kannst du noch Fäden mit Glasperlen oder Federn anbringen. Fertig ist dein Mobile!

**DIY-TIPP**
Wenn dir ein Mobile zu kompliziert ist, kannst du die verzierten CDs auch untereinander aufhängen und an der Tür oder am Fenster anbringen.

# 34. Entspann mal

Nimm dir Zeit, das Mandala in deinen liebsten Farben auszumalen.

## 35. Atempause

Du bist müde, hast einen anstrengenden Schullalltag hinter dir und nun null Bock?
Dann nimm dir ein paar Minuten Zeit, um neue Kraft zu tanken, und folge diesen Schritten:

1. Du kannst stehen bleiben oder dich hinsetzen – wie du dich wohler fühlst.
2. Atme durch den Mund aus und durch die Nase ein. Fühle dabei, wie der Atem in dich rein- und wieder rausfließt.
3. Beobachte deine Gedanken und Gefühle. Gibt es etwas, was dich momentan belastet? Stell dir beim Einatmen vor, deine Probleme aufzunehmen und beim Ausatmen loszuwerden.

Nach und nach wirst du bemerken, dass dein Kopf freier wird und du bereit für die nächsten Aufgaben bist.

## 36. Der Buchstabenteufel

Der Buchstabenteufel ist durch den Stundenplan gefegt. Kannst du die Unterrichtsfächer trotzdem erkennen? Die Lösung findest du auf Seite 220.

a. TAMHETMIKA ____________

b. UKSANDECH ____________

c. GLEINSCH ____________

d. SCHTEDU ____________

e. SUKIM ____________

f. TROPS ____________

g. KNUST ____________

h. LEIGRONI ____________

## 37. Geburtstagsgeschenke

Kannst du dich erinnern, welche Highlights du zu deinen drei letzten Geburtstagen geschenkt bekommen hast und von wem?

LETZTER GEBURTSTAG: ______________________

______________________

VORLETZTER GEBURTSTAG: ______________________

______________________

VORVORLETZTER GEBURTSTAG: ______________________

______________________

## 38. Noch unerfüllt

Welche Geschenkwünsche stehen noch auf deiner Liste?

1. ______________________
2. ______________________
3. ______________________
4. ______________________
5. ______________________

# 39. Wahrsagerei

Schau in die Glaskugel! Die Anfangsbuchstaben deiner Freunde verraten dir, was du von ihnen zum nächsten Geburtstag geschenkt bekommst:

- A – Einen selbst gebackenen Kuchen
- B – Glitzer-Nagellack
- C – Du darfst bei der nächsten Mathearbeit bei ihr abschreiben.
- D – Badeschaum
- E – Sie geht mit dir shoppen.
- F – Ein Freundschaftsarmband
- G – Du darfst dir ihren Lieblingsschmuck ausleihen.
- H – Eine Handyhülle
- I – Sie frisiert dich.
- J – Einen Plüsch-Chihuahua
- K – Sie schläft ein Wochenende bei dir.
- L – Eine Kerze
- M – Sie lässt dich ihr Tagebuch lesen.
- N – Einen Kinogutschein
- O – Kopfhörer fürs Smartphone
- P – Sie schminkt dich.
- Q – Ein T-Shirt
- R – Eine Hausratte
- S – Sie beantwortet einen Tag jede Frage von dir mit JA.
- T – Sie ruft bei deinem Schwarm für dich an.
- U – Einen Filmabend deiner Wahl
- V – Einen Glitzerstift
- W – Eine selbst gestrickte Wollmütze
- X – Topflappen von ihrer Oma
- Y – Sie tauscht mit dir einen Tag die Klamotten.
- Z – Einen Traumfänger

# 40. Das passt zu mir

Welchen der drei Begriffe in jeder Zeile findest du am besten?
Kreuze an.

| | | |
|---|---|---|
| ◯ schwarz | ◯ weiß | ◯ pink |
| ◯ Morgen | ◯ Mittag | ◯ Abend |
| ◯ Fleisch | ◯ Gemüse | ◯ Käse |
| ◯ Hund | ◯ Katze | ◯ Maus |
| ◯ Deutsch | ◯ Mathe | ◯ Sport |
| ◯ Schlager | ◯ Pop | ◯ Rock |
| ◯ WhatsApp | ◯ Telefon | ◯ Treffen |
| ◯ Stadt | ◯ Wald | ◯ Insel |
| ◯ Spinne | ◯ Mücke | ◯ Ameise |
| ◯ Hotel | ◯ Zelt | ◯ Wohnwagen |
| ◯ Schokolade | ◯ Weingummi | ◯ Chips |
| ◯ Staub wischen | ◯ Geschirr abwaschen | ◯ Müll runterbringen |
| ◯ Rose | ◯ Tulpe | ◯ Sonnenblume |
| ◯ Gruselfilm | ◯ Liebesfilm | ◯ Comedy |
| ◯ Gitarre | ◯ Schlagzeug | ◯ Flöte |
| ◯ Gold | ◯ Silber | ◯ bunter Glitzer |
| ◯ Ohrringe | ◯ Kette | ◯ Armband |
| ◯ Mütze | ◯ Schal | ◯ Handschuhe |

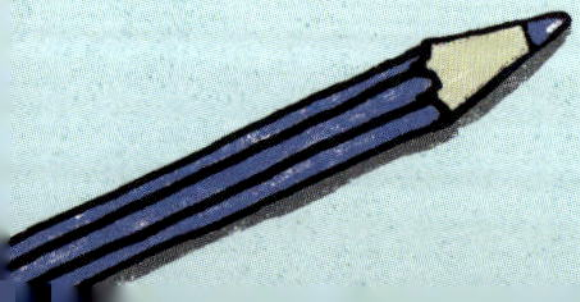

# 41. Meine Rockband

Stell aus deiner Clique eine Band zusammen und gib jedem ein passendes Instrument. Überleg dir, wer gern im Mittelpunkt steht, wer mag's laut und wer schlägt lieber leise Töne an?

## 42. Mit Ausdauer

Schlage eine Zeitschrift auf und lies den ganzen Artikel zu Ende – egal wie lang er ist. Hast du keine Zeitschrift parat, nimm dir ein Buch und lies 10 Seiten ohne Pause.

## 43. Fünf Sinne

Welcher der fünf Sinne ist bei dir besonders gut ausgeprägt: Sehen, Hören, Riechen, Tasten oder Schmecken? Auf welchen könntest du am wenigsten und auf welchen am besten verzichten?

## 44. Traumhaft

Schreibe den letzten schönen Traum auf, an den du dich erinnern kannst.

# 45. Lieblingsnudeln

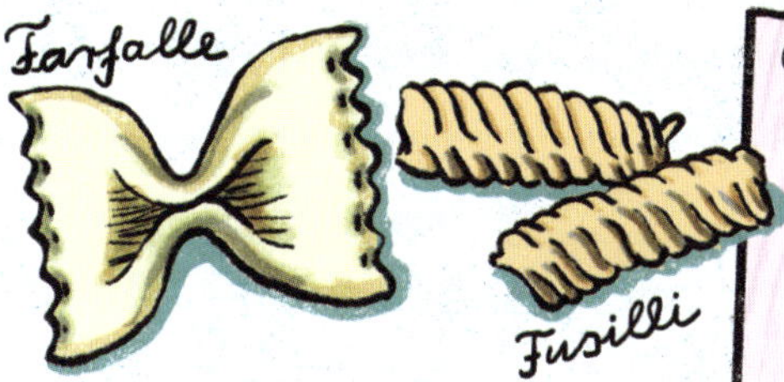


**DU BRAUCHST FÜR 4 PERSONEN:**

- 500 g Nudeln (Fusilli oder Farfalle)
- 1 Paprikaschote
- 250 g kleine Cocktailtomaten
- 1 Salatgurke
- Eine Packung Minikugeln-Mozzarella

**FÜR DIE SOßE:**

- 100 g Olivenöl
- 2 Esslöffel Essig oder Balsamico
- 1 Teelöffel Honig
- 1 Teelöffel Tomatenmark (oder rotes Pesto)
- Salz und Pfeffer

**SO GEHT'S:**

1. Zuerst kochst du die Nudeln nach Gebrauchsanweisung.
2. In der Zeit wäschst du das Gemüse, viertelst die Tomaten, schneidest die Paprika in Streifen und die geschälte Gurke in Stücke.
3. Den Mozzarella ebenfalls vierteln und mit Gemüse und Nudeln vermengen.

**Jetzt wird die Soße gemacht:**

Dafür vermischst du einfach Olivenöl, Essig, Honig und Tomatenmark. Gib die Soße zum Salat und würze zum Schluss mit Salz und Pfeffer.

**TIPP**

Nudelsalat ist ein echtes Lieblingsessen und eignet sich perfekt für ein Freundinnen-Picknick oder als Party-Snack.

# 46. Mein Glückstag ist ...

Kreuze die Tage, Monate, Jahreszeiten und Feste an, die du am meisten magst.

## TAGE

○ MONTAG ○ DIENSTAG ○ MITTWOCH ○ DONNERSTAG
○ FREITAG ○ SAMSTAG ○ SONNTAG

○ 1 ○ 2 ○ 3 ○ 4 ○ 5 ○ 6 ○ 7 ○ 8 ○ 9 ○ 10 ○ 11
○ 12 ○ 13 ○ 14 ○ 15 ○ 16 ○ 17 ○ 18 ○ 19 ○ 20 ○ 21 ○ 22
○ 23 ○ 24 ○ 25 ○ 26 ○ 27 ○ 28 ○ 29 ○ 30 ○ 31

## MONATE

○ JANUAR ○ FEBRUAR ○ MÄRZ
○ APRIL ○ MAI ○ JUNI
○ JULI ○ AUGUST ○ SEPTEMBER
○ OKTOBER ○ NOVEMBER ○ DEZEMBER

## JAHRESZEITEN

○ WINTER ○ FRÜHJAHR ○ SOMMER ○ HERBST

## FEIERTAGE

○ OSTERN ○ HALLOWEEN ○ WEIHNACHTEN
○ SILVESTER ○ GEBURTSTAG

# 47. Glitzer-Ausreden für alle Lebenslagen

Manchmal braucht man eine Ausrede, damit der Tag glitzern kann.

- Habe mir heute Morgen beim Aufstehen den Kopf am Kissen gestoßen. Ich war eine Stunde ohnmächtig.
- Aufräumen muss man erst, wenn das WLAN-Signal nicht mehr durchkommt.
- Ich bin nicht faul. Ich bin nur hoch motiviert, nichts zu tun.
- Solange Kakao auf Bäumen wächst, ist Schokolade für mich Obst.
- Eigentlich hatte ich heute viel vor. Nun habe ich morgen viel vor.
- Nutella hat nur wenige Vitamine. Deshalb muss man sehr viel davon essen.
- Wenn man nachts nichts essen soll, warum gibt es dann Licht im Kühlschrank?
- Ich brauche keinen Mittelfinger. Ich kann das mit den Augen.
- Immer soll ich alles sofort machen. Veränderungen brauchen aber Zeit!
- Ich bin heute so eine Mischung aus Schlaf und wach. Also schwach.

Was ist deine Lieblingsausrede?

______________________________

______________________________

______________________________

______________________________

# 48. Himmlischer Aufpasser

Jeder braucht mal einen Schutzengel. Diesen kannst du für dich basteln und aufhängen oder als kleinen Glücksbringer verschenken.

**DU BRAUCHST DAFÜR:**

- Bastelpapier, goldenes oder buntes, nicht zu dick
- Große Perlen, Styropor- oder Filzkugeln
- Klebestift
- Wollgarn oder Goldfäden
- Schere
- Eine Stopfnadel mit dickem Nadelöhr für den Faden

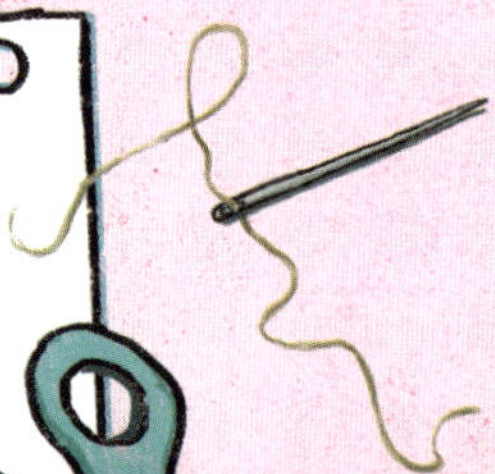

**SO GEHT'S:**

1. Du schneidest zuerst zwei Stück Papier in den Größen 10 × 19,5 cm und 7 × 15 cm aus.
2. Dann faltest du beide Papierteile wie einen Fächer mit einem Abstand von 1,5 cm.

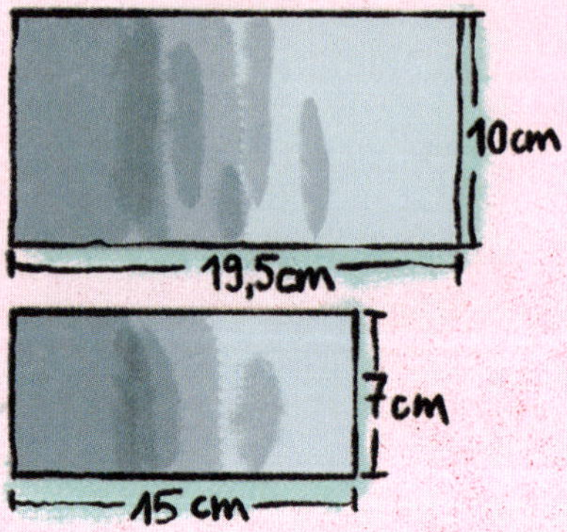

3. Klebe nun den kleinen Fächer mittig auf den größeren und verbinde beide Teile, indem du dein Garn als Schlaufe in die Nadel einfädelst. Verknote die beiden losen Enden und führe die Nadel in der Mitte zuerst durchs größere, dann durchs kleinere Faltpapier.
4. Jetzt fädelst du noch deinen Engelskopf auf und entfernst die Nadel.
5. Der größere Fächer muss nur noch unten in der Mitte zusammengeklebt werden, damit ein Rock entsteht. Zieh für die Flügel auch den kleinen Fächer auseinander.

DIY-TIPP

Wenn du Märchenwolle oder Engelshaar zu Hause hast, kannst du deinem Engel auch Haare ankleben. Oder du fädelst zwischen Rock- und Flügelteil eine mittelgroße Perle ein.

*Glück ist das Einzige, was sich verdoppelt, wenn man es teilt.*

# 49. Bis in die Fingerspitze

Welcher Fingernageltyp gefällt dir am besten?
Verschönere alle Nägel mit Nagellack oder Buntstiften.

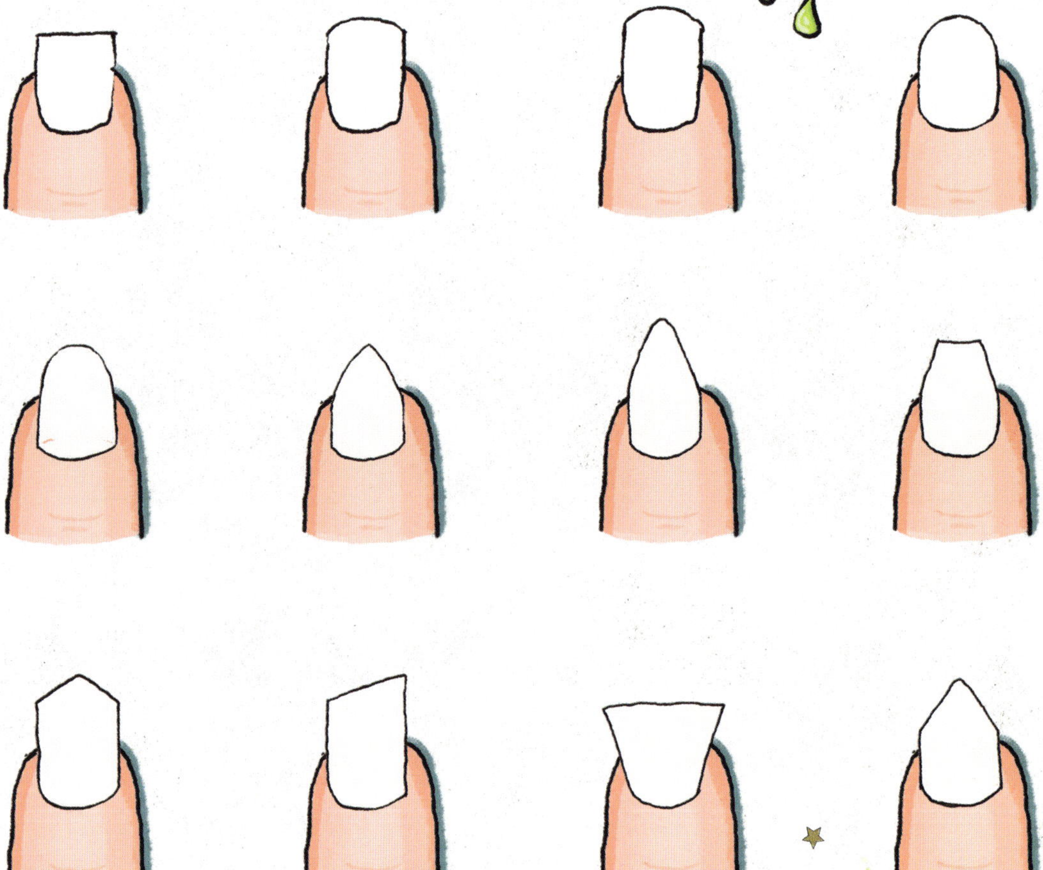

Mädchen sind hilflos,
aber nur, solange der Nagellack trocknet!

# 50. Mini-Garten

Hast du schon mal Kresse gepflanzt? Das Tolle ist, dass es ganz schnell und einfach geht. Schon nach einer Woche ist dein kleiner Mini-Garten gewachsen und du kannst ernten!

**DU BRAUCHST:**

- Kressesamen
- Watte oder Küchenrolle
- Eine kleine Schale oder ein Teller

TIPP
Kresse schmeckt superlecker auf Brot mit Frischkäse.

**SO GEHT'S:**

1. Zuerst legst du Küchenpapier oder Watte auf den Boden der Schale.
2. Mach das Papier oder die Watte nass. Der Boden muss richtig schön feucht sein, damit die Samen gut keimen können.
3. Nun streust du die Samen und verteilst sie gleichmäßig.
4. Halte den Boden feucht und gebe jeden Tag etwas Wasser hinzu. Schon bald wirst du die kleinen Kressepflanzen wachsen sehen ...

# 51. Blumenwiese

Blumen machen glücklich. Male auf die Stängel viele verschiedene bunte Blüten.

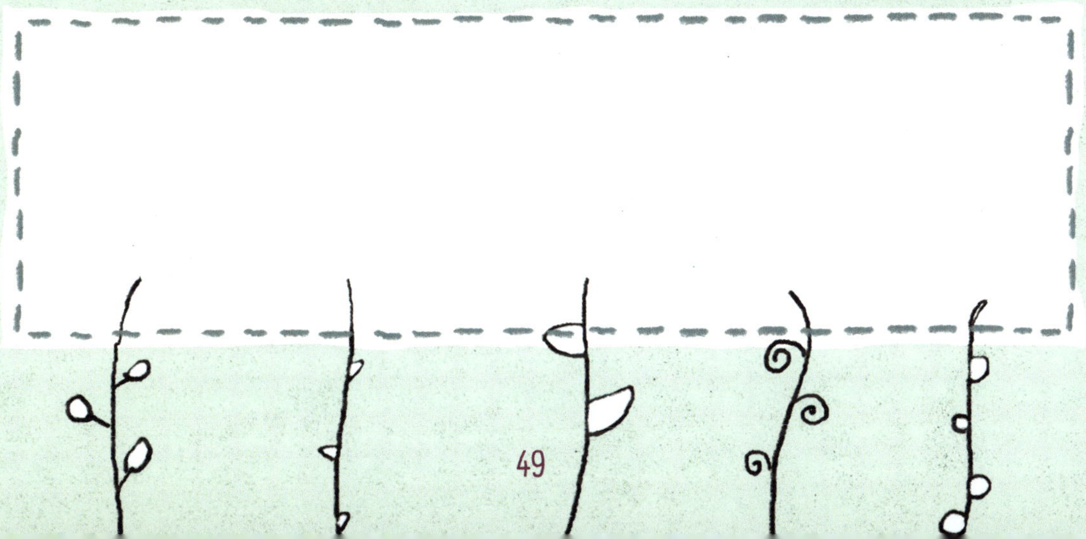

# 52. Ins Gesicht geschrieben

Gefühle kannst du im Gesicht ablesen. Die Stellung der Augenbrauen und der Mund sagen sofort, wie es dir geht. Schau in den Spiegel und probier es aus! Zeichne danach die Gesichter passend zur Stimmung ein.

# 53. Das erste Mal

Kannst du dich an deine ersten Male erinnern?

- Mit wie vielen Monaten kam dein erster Zahn?

  ______________________________

- Wie alt warst du, als du laufen gelernt hast?

  ______________________________

- Welches Wort hast du als erstes gesprochen?

  ______________________________

- Wie hieß dein allerserstes Kuscheltier?

  ______________________________

- Mit wie vielen Jahren hast du das erste Mal allein woanders übernachtet und bei wem?

  ______________________________

- Wann bist du eingeschult worden?

  ______________________________

- Wie lautet der Name deiner ersten Freundin, an die du dich erinnern kannst?

  ______________________________

- Wie hieß dein erster Klassenlehrer oder deine Klassenlehrerin?

  ______________________________

- Wann warst du das erste Mal verliebt und in wen?

  ______________________________

- Hattest du schon einen ersten Kuss und mit wem?

  ______________________________

# 54. Heute: wolkig!

Wolke ist nicht gleich Wolke und bedeutet auch nicht immer schlechtes Wetter. Wenn du verschiedene Wolkenarten erkennen kannst, weißt du, wie das Wetter wird.

1. FEDERWOLKEN

Die feinen, weißen Federwolken sehen wie zerrupfte Fasern aus. Sie sind ganz hoch am Himmel zu erkennen und bestehen aus Eiskristallen. Noch ist der Himmel zu sehen.

Prognose: Das Wetter ändert sich.

2. SCHLEIERWOLKEN

Diese Wolken bestehen auch aus Eiskristallen, sind aber nicht ganz so faserig. Sie bilden einen Schleier über den gesamten Himmel, der wie Nebel aussieht.

Prognose: Es kommt garantiert Regen oder Schnee.

3. SCHÄFCHENWOLKEN

Die Anordnung der Wolken erinnert an eine Schäfchenherde. Die großen Wolkenfelder bestehen meist aus Wassertropfen. Der blaue Himmel ist wunderbar zwischen den Wolken zu sehen.

Prognose: Es bleibt schön!

### 4. HAUFENWOLKEN

Aus Haufenwolken kann man verschiedene Figuren erkennen – ganz wie die Fantasie will. Die weißen Wolken bestehen aus Wassertropfen, sind sehr dicht, grenzen sich scharf vom blauen Himmel ab und treiben am Himmel entlang.

Prognose: Solange sie vereinzelt am Himmel stehen, bleibt das Wetter gut. Aber Achtung: Wenn sie sich zu einer dunklen Masse zusammenschließen, werden sie zu Gewitterwolken.

### 5. REGENWOLKEN

Die Regenwolke ist eine graue, sehr dichte Wolkenschicht. Die Sonne ist nicht mehr am Himmel zu sehen.

Prognose: Du brauchst Regenklamotten.
Auch Schneefall ist möglich.

## Am Himmel

Schau gen Himmel. Welche Wolkenart kannst du erkennen?
Male sie oder denk dir eine Wolkenfigur aus, wenn der Himmel nur grau ist.

## 55. Lieblingswörter

Schreibe zehn Hauptwörter auf, die für dich eine Bedeutung haben.
Sie können Gefühle oder Wünsche ausdrücken.

1. ______________________ 6. ______________________

2. ______________________ 7. ______________________

3. ______________________ 8. ______________________

4. ______________________ 9. ______________________

5. ______________________ 10. ______________________

## 56. Plötzlich reich

Stell dir vor, du gewinnst im Lotto eine Million Euro. Was würdest du damit tun?

______________________________________________

______________________________________________

______________________________________________

______________________________________________

# 57. Kennst du die schon?

Liest du viel? Dann weißt du, welche Mädchen in welchen Büchern eine wichtige Rolle spielen. Sonst musst du raten. Vielleicht landest du ja Volltreffer. Verbinde immer ein Paar mit einem Strich. Die Lösung findest du auf Seite 220.

- Klara Sesemann
- Dorothy Gale
- Rosalie Hale
- Thekla
- Die Schule der magischen Tiere
- Luna Lovegood
- Luise Pogge
- Pony Hütchen
- George
- Violetta
- Emil und die Detektive
- Wespe
- Kantorka
- Der Zauberer von OZ
- Der geheimnisvolle Ritter Namenlos
- Pünktchen und Anton
- Ida Kronenberg
- Twilight
- Krabat
- Herr der Diebe
- Heidis Lehr- und Wanderjahre
- Fünf Freunde
- Harry Potter
- Der kleine Ritter Trenk

## 58. Das bringt dich runter

Wenn du erschöpft oder gestresst bist, macht dich eine sanfte Ohrmassage wieder fit für den restlichen Tag. Ehrlich, es funktioniert! Es ist eine Übung aus der Chinesischen Medizin:

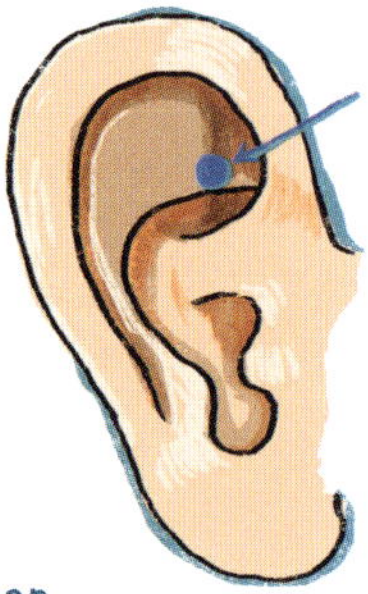

Nimm den oberen Teil des Ohrs zwischen Daumen und Zeigefinger. Der Zeigefinger liegt dabei hinten und der Daumen mittig in der oberen Ohrmuschel. Jetzt übe sanften Druck mit den Fingern auf diesen Punkt aus. Er wird auch Anti-Stress-Punkt genannt.

Dann zieh das Ohr mit Gefühl nach außen und massiere es mit kreisenden Bewegungen, bis das Ohr ganz warm und rot ist. So aktivierst du neue Energien im ganzen Körper.

Diese Massage ist am Anfang vielleicht etwas ungewohnt, aber wenn du sie öfter machst, wirst du merken, dass sie dir guttut.

## 59. Charts oder Oldies?

Hör doch mal zusammen mit deiner Familie Musik. Jeder darf seine drei absoluten Lieblingssongs abwechselnd vorspielen. Vielleicht hast du danach ganz neue Favoriten – oder du kannst nur den Kopf schütteln über diese Oldies. Schreibe deine drei Lieblingssongs auf:

1. ____________________

2. ____________________

3. ____________________

# 60. Die Wirklichkeit ist etwas für Menschen, die Angst vor Einhörnern haben

Immer in der Realität zu leben ist ja langweilig. Welches Fantasiewesen würdest du gern sein?

- [ ] ZENTAURIN

- [ ] EINHORN

- [ ] KOBOLDIN

- [ ] PEGASUS

- [ ] MEERJUNGFRAU

- [ ] VAMPIRIN

- [ ] ELFE

- [ ] DRACHE

- [ ] FEE

# 61. Der Traumprinz auf dem weißen Pferd

Mach den Test und finde raus, welcher Jungentyp zu dir passt.
Zähle nach, welche Buchstabenantwort du am häufigsten gegeben hast.
Die Auswertung findest du auf Seite 220.

1. Welcher Klamottentyp soll dein Traumprinz sein?
   - a. Der gepflegte Markentyp
   - b. Der lockere Jeans-und-T-Shirt-Träger
   - c. Der coole Gangsta-Style-Boy

2. Welche Musik sollte er mögen?
   - a. Mark Forster
   - b. Justin Bieber
   - c. Drake

3. Was ist dir am wichtigsten an einem Jungen?
   - a. Aussehen
   - b. Charakter
   - c. Coolness

4. Welchen Haarlook sollte er tragen?
   - a. Kurzhaarschnitt
   - b. Wuschelfrisur
   - c. Lange Haare

5. Über welches Geschenk von ihm würdest du dich besonders freuen?
   - a. Teure Pralinen
   - b. Ein langer Brief
   - c. Playlist seiner Lieblingssongs

6. Wozu sollte er dich einladen?
   - a. Ins Kino
   - b. In eine Eisdiele
   - c. Zu einem Konzert

7. Welches Accessoire magst du an Jungs?
   - a. Hipster-Turnbeutel
   - b. Lederarmband
   - c. Goldkette

# 62. Beauty day

Hier kommen die perfekten Rezepte für deinen Beauty-Tag. Schon die Königin Kleopatra aus dem Alten Ägypten hatte ihre Schönheits-Geheimnisse. Man sagt, dass sie in Milch und Honig gebadet hat. Probier es aus und fühl dich königlich!

## KLEOPATRA-BAD FÜR BABYWEICHE HAUT

**DU BRAUCHST:**

- ★ 1 Liter Vollmilch
- ★ 1–2 Esslöffel Honig

1. Erwärme die Milch langsam in einem Topf (nicht kochen!) und gib den Honig dazu.
2. Rühre, bis sich der Honig aufgelöst hat.
3. Lass dir ein warmes Bad ein und gib die Milch-Honig-Mischung dazu.
4. Bade 15–20 Minuten lang.

**TIPP**

Du kannst dir auf diese Weise auch ein Fußbad machen. Gib für die Extra-Pflege einfach statt der Milch einen Becher Sahne hinein.

## HONIG-QUARK-MASKE

Diese Gesichtsmaske basiert ebenfalls auf Kleopatras geheimen Zutaten und sie wird dein Gesicht ganz sicher strahlen lassen!

**DU BRAUCHST:**

- ★ 1–2 Esslöffel flüssiger Honig
- ★ 2 Esslöffel Speisequark
- ★ 1 Teelöffel Olivenöl

Vermische alle Zutaten miteinander und trage sie auf dein Gesicht auf.
So lange einwirken lassen, wie du dein Bad genießt.

# 63. Ich kann nicht schlafen!!!

Manchmal denkst du noch über Erlebnisse oder Probleme nach, manchmal bist du aufgeregt, weil der nächste Tag etwas Schönes bringt. Mit ein paar kleinen Entspannungstechniken kannst du dein Kopfkino ausschalten und gaaaanz müde werden.

1. Die Müdigkeit am Abend fängt schon am Tag an. Tanke täglich mindestens 30 Minuten Tageslicht und frische Luft. Darüber freut sich dann dein Schlaf-Wach-Rhythmus.
2. Der Tipp könnte von deinen Eltern kommen, er stimmt aber wirklich: In einem aufgeräumten und gemütlichen Zimmer schläft es sich besser.
3. Mit warmen Füßen wird man schneller müde. Also rein in die Kuschelsocken!
4. Überliste deinen Körper und gähne ganz oft. So langsam kommt dann die Müdigkeit.
5. Gedämpftes, gemütliches Licht signalisiert deinem Körper, dass jetzt Schlafenszeit ist.
6. Stell dir vor, dein Smartphone lebt. Schalte es über Nacht aus, damit es sich erholen kann.

3 von 4 Stimmen in meinem Kopf wollen schlafen. Die andere will wissen, ob Pinguine Knie haben …

# 64. Mittagessen-Orakel

Das Buchstaben-Orakel besagt, dass das erste Wort, das du im Buchstabengitter lesen kannst, morgen dein Mittagessen wird.

Alle Möglichkeiten kannst du auf Seite 220 nachlesen.

| | | | | | | | | | | | | | | |
|---|---|---|---|---|---|---|---|---|---|---|---|---|---|---|
| A | Q | W | S | E | D | S | C | H | N | I | T | Z | E | L |
| Z | H | U | R | I | O | P | Ü | L | K | J | M | N | G | I |
| N | Ü | D | E | L | N | O | M | D | V | G | B | E | R | N |
| Z | H | Q | I | A | R | K | I | T | A | S | C | H | E | S |
| H | N | G | S | B | F | R | L | G | B | R | T | Z | K | E |
| N | C | E | T | K | H | R | C | S | E | D | V | T | Z | N |
| F | H | I | O | R | T | M | H | D | E | G | N | M | U | E |
| B | E | S | P | E | H | M | R | K | L | Ö | I | Z | T | I |
| G | N | T | F | H | N | M | E | F | R | I | E | S | T | N |
| T | F | F | A | S | D | J | I | F | H | N | M | K | U | T |
| E | G | E | M | Ü | S | E | S | U | P | P | E | D | G | O |
| D | Y | F | N | M | Z | H | T | G | I | F | B | N | R | P |
| B | R | R | F | I | S | C | H | U | Z | T | E | R | T | F |
| G | O | D | W | R | T | Z | T | U | Z | F | B | H | R | T |
| T | S | N | W | E | R | T | Z | H | A | E | B | G | T | Z |

# 65. Fundstück

Schau in deinen Taschen nach, was du hier einkleben kannst.

# 66. Zeugnis ohne Zensuren

Zensuren sind ja bloß Zahlen ohne Emotionen.
Deshalb vergib für jedes Fach ein Emoji, das deine Sicht der Dinge ausdrückt.

## ZEUGNIS

Name: ______________________________

Klasse: ______________________________

Deutsch:

Englisch:

2. Fremdsprache:

______________________

Mathematik:

Natur und Technik:

Erdkunde:

Religion:

Sport:

Kunst:

Musik:

Welche Fantasiefächer hättest du gern?

______________________________________________

______________________________________________

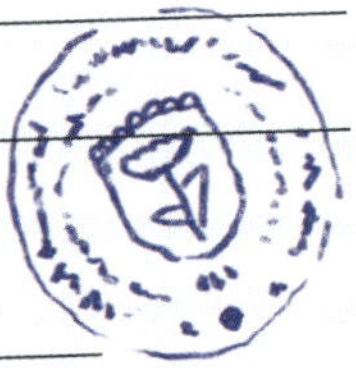

Datum: ____________________ Unterschrift: ____________________

# 67. Apfelkuchen im Glas

**DU BRAUCHST:**

- 6 saubere Schraubgläser (oder Einmachgläser mit Gummiring und Klammer), ca. 300 ml Füllmenge
- 2 Äpfel
- Saft und abgeriebene Schale einer unbehandelten Zitrone
- 250 g Weizenmehl
- 125 g Zucker
- 1 Päckchen Vanillezucker
- 3 TL Backpulver
- 2 Eier
- 75 ml Sonnenblumenöl
- 125 ml Kefir
- 50 g Mandelstifte
- Etwas Butter

**SO GEHT'S:**

Heize den Backofen auf 180 °C Ober- und Unterhitze vor. Fette die sauberen und trockenen Gläser mit Butter ein und bestäube sie mit etwas Mehl.

1. Schäle die Äpfel. Schneide sie in kleine Stücke und vermische sie mit dem Zitronensaft und der abgeriebenen Schale.
2. Fülle die restlichen Zutaten in eine Rührschüssel und verrühre sie mit dem Mixer zu einem geschmeidigen Teig.
3. Dann in die Gläser füllen – aber immer nur zur Hälfte, da der Teig beim Backen noch aufquillt.
4. Stelle die Gläser ohne Deckel auf den Rost der mittleren Schiene. Ungefähr 30–35 Minuten backen.
5. Nach dem Backen die Gläser sofort verschließen.

# 68. Das Familien-Wunschglas

Immer das zu kochen, worauf die ganze Familie Appetit hat, ist nicht leicht. Damit es jedem schmeckt, hilft nur das Familien-Wunschglas.

Legt euch viele grüne, rote und gelbe Zettel bereit.

Grün = Vorspeise   Rot = Hauptspeise   Orange = Nachtisch

Jeder bekommt einen grünen, einen roten und einen gelben Zettel, schreibt seine Lieblingsspeisen auf und wirft die zusammengefalteten Zettel in ein Glas. Steht das nächste Mal wieder die Frage nach dem Mittagessen an, darf abwechselnd von jeder Farbe ein Zettel gezogen werden. So entsteht automatisch ein Überraschungsmenü und es gibt garantiert weniger Gemecker.

TIPP
Das Wunschglas kann auch Vorschläge für Familienaktivitäten enthalten. Dann brauchen die Zettel keine unterschiedlichen Farben zu haben.

# 69. Deine persönliche Speisekarte

Wie würde dein Wunschmenü aussehen?

## ★ Menü ★

VORSPEISE

..............................................................

★

SUPPE

..............................................................

★

HAUPTSPEISE

..............................................................

★

DESSERT

..............................................................

## 70. Das Erste am Tag

Erinnere dich: Was hast du heute als Erstes gemacht?

- ★ Wen hast du als Erstes gesehen? ______________________
- ★ Wie lautete dein erster Satz? ______________________
- ★ Was hast du als Erstes gemacht? ______________________
- ★ Was hast du als Erstes im Mund gehabt? ______________________
- ★ Worüber hast du heute das erste Mal gelacht? ______________________

## 71. Aufeinandertreffen

Schreibe hier kreuz und quer alle Namen der Menschen auf, die du heute getroffen hast, und mach ein  oder  hinter den Namen – je nachdem, ob die Person nett war oder nicht.

# 72. Es steht in den Sternen, ...

... wer dein Traumtyp ist und von wem du besser die Finger lassen sollst.

| DEIN STERNZEICHEN | DEIN TRAUMTYP IST ... | HÄNDE WEG VON ... |
|---|---|---|
| Wassermann | Waage, Zwillinge, Widder | Krebs, Jungfrau, Steinbock |
| Fische | Krebs, Skorpion, Steinbock | Waage, Widder, Löwe |
| Widder | Widder, Löwe, Schütze | Jungfrau, Zwillinge, Waage |
| Stier | Fische, Krebs, Steinbock | Waage, Zwillinge, Schütze |
| Zwillinge | Wassermann, Waage, Löwe | Stier, Schütze, Krebs |
| Krebs | Skorpion, Fische, Jungfrau | Zwillinge, Wassermann, Steinbock |
| Löwe | Schütze, Waage, Widder | Krebs, Steinbock, Fische |
| Jungfrau | Krebs, Steinbock, Stier | Jungfrau, Widder, Löwe |
| Waage | Wassermann, Waage, Löwe | Fische, Stier, Jungfrau |
| Skorpion | Krebs, Jungfrau, Fische | Waage, Zwillinge, Schütze |
| Schütze | Widder, Wassermann, Schütze | Skorpion, Krebs, Stier |
| Steinbock | Skorpion, Jungfrau, Stier | Zwillinge, Krebs, Wassermann |

## 73. Von A bis Z

Fällt dir zu jedem Buchstaben ein Begriff ein? Wenn nicht: Du hast fünf Joker und darfst in dieser Spalte einen Strich machen.

| | NAME | PFLANZE | BERUF | GEGENSTÄNDE | ESSEN/TRINKEN | BAND/SÄNGER | SPORTART |
|---|---|---|---|---|---|---|---|
| A | | | | | | | |
| B | | | | | | | |
| C | | | | | | | |
| D | | | | | | | |
| E | | | | | | | |
| F | | | | | | | |
| G | | | | | | | |
| H | | | | | | | |
| I | | | | | | | |
| J | | | | | | | |
| K | | | | | | | |
| L | | | | | | | |
| M | | | | | | | |
| N | | | | | | | |
| O | | | | | | | |
| P | | | | | | | |
| Q | | | | | | | |
| R | | | | | | | |
| S | | | | | | | |
| T | | | | | | | |
| U | | | | | | | |
| V | | | | | | | |
| W | | | | | | | |
| X,Y | | | | | | | |
| Z | | | | | | | |

# 74. Der Werkzeugkoffer

Na klar kennen sich Mädchen mit Werkzeugen aus. Schreibe die Bedeutung der Bilder in das Kreuzworträtsel. Die Lösung findest du auf Seite 221.

# 75. Das Würfel-Orakel

Für dieses Orakel brauchst du einen Würfel. Wärme ihn zuerst gut in deinen Händen, damit er deine Energie aufnehmen kann. Dann wirf ihn zu jeder Frage. Die Augenzahl sagt dir die richtige Antwort.

**A. Welchen Beruf wirst du später mal ausüben?**

1. Astronautin
2. Schauspielerin
3. Tierärztin
4. Profi-Fußballerin
5. Tischlerin
6. Erzieherin

**B. Wie ist der Name deines zukünftigen Partners?**

1. Alex
2. Kevin
3. Max
4. Winfried
5. Sebastian
6. Kai-Uwe

**C. Wie viele Kinder wirst du einmal bekommen?**

1. 1
2. 2
3. 3
4. 4
5. 5
6. 6

**D. Wo wirst du mal wohnen?**

1. Mond
2. New York
3. Berlin
4. Paris
5. Hawaii
6. Kleinwutzeldorf

**E. Welches Fahrzeug wirst du besitzen?**

1. Auto
2. Motorrad
3. Fahrrad
4. Segelboot
5. Wohnmobil
6. Traktor

**F. Welches Motto wird zu deinem Leben passen?**

1. Ich stehe mit beiden Beinen voll im Glitzer.
2. Leben ist Zeichnen ohne Radiergummi.
3. Wenn der Weg das Ziel ist, ist es besser, unterwegs als am Ende zu sein.
4. Es gibt so viele Gründe, glücklich zu sein. Such dir einen aus.
5. Nur Prinzesschen richten ihr Krönchen. Königinnen ziehen ihr Schwert.
6. Ich bin lieber ein bisschen bekloppt als ein bisschen langweilig.

## 76. Laaaaangeweile!!!

Dir ist langweilig und du weißt nicht, was du machen sollst?
Dann brauchst du einfach mehr Glitzer. Hol den Glitzerstift oder den Glitzernagellack und male Kästchen aus, sodass ein Muster entsteht.

## 77. Jetzt gleich

Schau dich kurz in deinem Zimmer um. Gibt es nicht ein paar Dinge, die du wegräumen müsstest? Mach dir Musik an und pack's an!.

## 78. Vorlieben

Unterstreiche, was du lieber magst.

- Zopf oder offene Haare
- Schlafen oder wach sein
- Gold oder Silber
- Mit Freunden shoppen oder mit Mama losziehen
- Fernsehen oder ins Kino gehen
- Sport oder Musik
- Mathe oder Deutsch
- Ohrringe oder Kette
- Mütze oder Schal
- Schwimmen oder Radfahren

## 79. Das Handy-Experiment

Schlage deinen Freunden ein Experiment vor: Was passiert, wenn ihr 24 Stunden das Handy ausmacht? Ist das totaler Frust oder passiert etwas Unerwartetes? Schreibe es hier auf:

# 80. Tierlieb

Wer ist bereits bei euch Familienmitglied oder welches Haustier hättest du gern? Kreuze an.

Etwas anderes, nämlich:

Welche Haustiere kommen für dich nicht infrage?

1. ______
2. ______
3. ______
4. ______
5. ______

## 81. Zettelkram und mehr

Kipp deine Schultasche aus und schau genau nach:
Kannst du noch alles gebrauchen oder kann was weg?

## 82. Zettelkram und mehr

Welcher Spruch passt zu deinem heutigen Tag?

Welchen Spruch kannst du echt nicht mehr hören?

*Wenn mir gleich der Kopf platzt,
fliegt hier wenigstens jede Menge
Feenstaub und Konfetti durch die Gegend*

## 83. Moderne Kunst

Verewige dich auf dieser Seite mit einem abstrakten Kunstwerk aus Farben und Mustern, die dir gefallen.

# 84. Gebrannte Mandeln

Gebrannte Mandeln duften nach Winter und Weihnachten. Diesen selbst gemachten Zucker-Zimt-Mandeln wirst du auch zu anderen Gelegenheiten nicht widerstehen können.

## DU BRAUCHST:

- 250 g Mandeln
- 2–3 Esslöffel Ahornsirup
- 1 Esslöffel brauner Zucker
- 3 Teelöffel Zimtpulver
- Eine Prise Salz

## SO GEHT'S:

Heize den Ofen auf 180 °C vor.

1. Gib die Mandeln in eine ausreichend große Schüssel.
2. Vermische Ahornsirup, Zucker, Zimt und die Prise Salz in einer Tasse.
3. Gieß die Zucker-Zimt-Mischung über die Mandeln und verrühre alles gründlich miteinander.
4. Verteile die Mandeln auf einem mit Backpapier ausgelegten Backblech. Achte darauf, dass die Nüsse nicht übereinander liegen.
5. Backe die Mandeln zuerst für 10 Minuten, mische sie mit einem Pfannenwender noch einmal durch und backe sie anschließend für weitere 10 Minuten.

**TIPP**
Es gibt natürlich noch viele weitere Nüsse und Kerne, die du auf diese Weise rösten kannst: Haselnüsse, Cashewnüsse, Kürbiskerne oder auch Sonnenblumenkerne. Ob geröstet oder pur: Nüsse sind echte Nervennahrung. Sie enthalten jede Menge Vitamine und geben dir viel Energie für stressige Tage.

# 85. Schmuckwand

Du hast tollen Schmuck in deinem Kästchen,
aber keiner kann's sehen und alles liegt durcheinander?
Dann mach dir eine Schmuckwand.

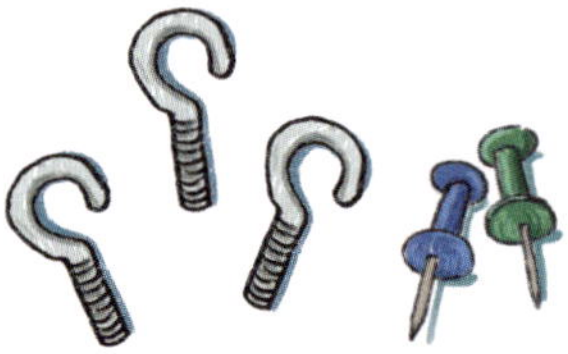

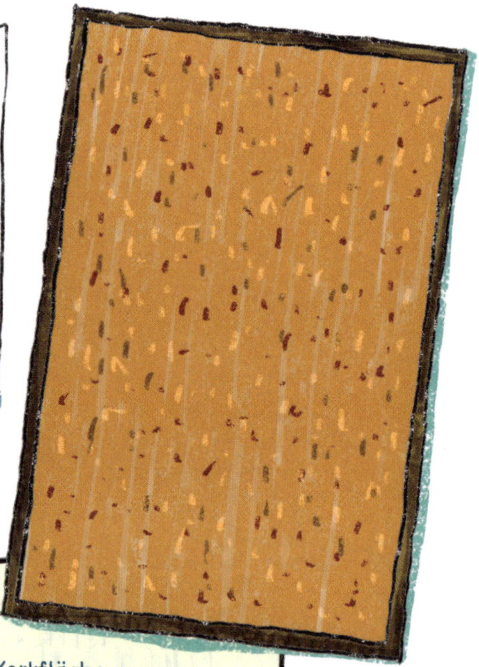

## DU BRAUCHST:

- Eine große Kork-Pinnwand (aus dem Baumarkt oder Bastelladen)
- Schraubhaken (Baumarkt) oder Pins
- Schönes Geschenkpapier und Klebstoff

## SO GEHT'S:

1. Schneide das Geschenkpapier in der Größe der Korkfläche zu.
2. Trage den Klebstoff gleichmäßig auf der Korkfläche auf und klebe das Papier darauf fest. Streiche es glatt und lass es gut trocknen.
3. Drehe die Schraubhaken vorsichtig dort ein, wo du deinen Schmuck aufhängen willst, oder stecke die Pins in den Kork.
4. Nun muss die Pinnwand nur noch an der Wand befestigt werden. Fertig ist das neue Schmuckstück für dein Zimmer!

**DIY-TIPP**

Lass deine Schmuckwand funkeln! Schmücke den Rahmen mit einer LED-Lichterkette. Als Befestigung drehst du einfach ein paar Schraubhaken in den Holzrahmen. Statt einer Lichterkette sieht die Pinnwand auch mit Blüten oder Glitzersteinen aus dem Bastelladen toll aus.

## 86. Rückwärts-Erinnern

Um sich die Erlebnisse des Tages noch einmal bewusst zu machen, gibt es eine tolle Übung, die man jeden Abend im Bett machen kann: das Rückwärts-Erinnern. Fange damit an, was du vor dem Zu-Bett-Gehen gemacht hast, und ende mit dem Wachwerden am Morgen.

## 87. Für die Ewigkeit

Male auf dieser Seite die Umrisse deiner Hand auf.

# 88. Tauschtag

Mit wem oder was würdest du gern mal einen Tag lang tauschen? Wäre das ein Promi, jemand aus deiner Familie oder lieber ein Tier oder ein Fantasiewesen? Wie würde dieser Tag aussehen?

# 89. Kräuterhexe

Es ist gut, eine kleine Kräuterhexe zu sein, denn Kräuter und Gewürze sind gesund. Sie machen dich fit, wenn du eine Verletzung oder Schmerzen hast. Und sie können deiner Haut und deinem allgemeinen Wohlbefinden guttun.

## Kräuterkunde

1. 

Wenn du dir beim Sport eine Verstauchung oder Prellung holst, wirkt Salbe aus Arnika abschwellend und schmerzlindernd.

2. 

Das Brennen auf der Haut, wenn man eine Brennnessel berührt, ist in einem Tee nicht zu spüren. Das Kraut ist besonders gut, wenn man eine Blasenentzündung hat.

3. 

Der Name Frauenmantel sagt alles: Das Kraut wirkt als Tee krampflösend bei Regelschmerzen, aber auch bei Bauchweh und Blähungen.

4. 

Eine richtige Alleskönnerin ist die Hagebutte, die Frucht der Hundsrose. Der leckere Tee lindert Fieber und Entzündungen und hat sehr viele Vitamine, vor allem Vitamin C.

5. 

Einen Melisse-Trunk kannst du anwenden, wenn du sehr unruhig bist und nicht einschlafen kannst.

6. 

Bei Entzündungen im Mund oder Rachen hilft das Gurgeln mit Ringelblumen-Tee. Auch entzündete Pickel kann man damit betupfen.

7. 

Die Pfefferminze kennt jeder. Pfefferminz-Tee erfrischt und hilft deshalb gut, wenn du dich matt fühlst oder Kopfweh hast.

# 90. Kräutersalz

Hast du schon mal Kräutersalz selbst gemacht? Auf ein Butterbrot gestreut oder als Würze zum Kochen ist das superlecker. Und schön verpackt ist das ein tolles Geschenk.

### DU BRAUCHST:

- 500 g grobes Meersalz
- Je nach Geschmack ein paar frische Stiele Rosmarin, Thymian, Salbei, Petersilie, Oregano oder Schnittlauch
- Mörser oder elektrischer Zerkleinerer
- Saubere Schraubgläser

### SO GEHT'S:

1. Leg die frischen Kräuter bei 35 °C auf ein Backblech und lass sie ca. 25 Minuten trocknen.
2. Zupfe sie dann vom Stiel, gib das Meersalz dazu und zerkleinere alles mit dem Mörser.
3. Fülle das Kräutersalz in trockene, saubere Schraubgläser und verschließe sie.

# 91. Gemüsesticks mit Kräuterquark

Lust auf etwas zum Knabbern? Kräuterquark ist ein superleckerer Dip für Karotten- oder Gurkensticks.

### DU BRAUCHST:

- 250 g Quark
- 4 Esslöffel Joghurt
- Frischer Schnittlauch, Petersilie, Dill oder Kresse
- Salz und Pfeffer
- Klein geschnittenes Gemüse zum Dippen

### SO GEHT'S:

1. Verrühre den Quark und den Joghurt in einer Schüssel.
2. Hacke die Kräuter klein. Insgesamt brauchst du ungefähr 4 Esslöffel Kräuter.
3. Gib die Kräuter zum Quark und würze alles mit Salz und Pfeffer. Fertig!

# 92. Dekobaum

Das hat garantiert nicht jeder und gibt's auch nicht zu kaufen. Bastle einen Dekobaum und hänge so viel Glitzer dran, dass jedes Einhorn denkt, es sei im Paradies.

**ANLEITUNG:**

1. Zuerst musst du im Garten oder Wald Stöckchen sammeln. Sie dürfen nicht zu dünn sein.
2. Dann schneide die Stöckchen so, dass sie hingelegt eine Dreieckform oder Tanne ergeben.
3. Mit einer robusten Schnur verknotest du die Stöckchen auf jeder Seite miteinander. Achte darauf, dass auf beiden Seiten immer der gleiche Abstand entsteht. Knote oben eine Schlaufe zum Aufhängen.
4. Jetzt kannst du deine Deko ankleben, verdrahten oder anbinden – wie es dir gefällt. Nur noch den Dekobaum an die Wand hängen und fertig ist der Glitzer-Hingucker.

**DU BRAUCHST:**

- Holzstöckchen
- Garten- bzw. Astschere
- Alleskleber und Basteldraht
- Feste Schnur
- Dekoration: Schmucksteine, Perlen, Bänder, Schleifen, Kugeln etc.

**DIY-TIPP**

Mit Kugeln, Sternen und Engeln geschmückt ist dein Baum auch eine tolle Weihnachtsdeko. Oder du hängst an die Stöckchen kleine Haken und daran deinen Schmuck auf.

# 93. Da hängst du dran!

Hausschlüssel, Autoschlüssel, Fahrradschlüssel ...
Bastle witzige Anhänger an, damit jeder seinen Schlüssel sofort erkennt.

**DU BRAUCHST:**

- Stabiler Filz
- Alleskleber oder Tacker
- Locher
- Schlüsselring oder Karabinerhaken
- Stoffmalstift oder Edding

**ANLEITUNG:**

1. Schneide einen schmalen Streifen Filz in den Maßen 24 × 2,5 cm aus.
2. Leg den Filz zur Hälfte aufeinander und klebe ihn an den losen Enden zusammen, sodass eine Schlaufe entsteht.
3. Stanze ein Loch in das geklebte und getrocknete Ende und befestige dort den Schlüsselring oder Karabinerhaben.
4. Nun kannst du den Schlüsselanhänger noch beschriften, zum Beispiel mit:

- GLÜCKSPILZ
- KNUTSCHKUGEL
- LIEBLINGSMENSCH
- LUXUSSCHLITTEN
- PRINZESSIN
- SCHLÜSSELKIND
- SHOPPING QUEEN
- BRUDERHERZ

# 94. Do Yoga – be happy!

Hast du schon mal Yoga gemacht? Der Sonnengruß ist eine Abfolge aus zwölf Bewegungen. Die Übung entspannt deinen Geist, aber auch deinen Körper. Sie macht dich wach und lockert die Muskeln. Du kannst sie auch zusammen mit einer Freundin versuchen: Die eine liest die Anweisung vor, die andere macht die Übung – und umgekehrt. Wenn ihr es beide draufhabt, macht ihr die Übung still beide gleichzeitig.

**LOS GEHT'S!**

1. Nimm die Hände vor der Brust zusammen.
2. Strecke die Arme hoch und lehne dich zurück.
3. Beuge dich runter und leg die Hände neben die Füße.
4. Strecke ein Bein nach hinten, stelle das vordere Knie auf und schau nach oben.
5. Strecke auch das andere Bein nach hinten und halte den Körper ganz gerade.
6. Senke nur Knie, Brust und Stirn zum Boden.
7. Leg dich komplett ab und hebe Brust und Kopf leicht an.
8. Rücke dich hoch und schieb deinen Po dabei zur Decke. Du stehst nun da wie ein Dreieck.
9. Hol jetzt ein Bein nach vorne und stelle den Fuß zwischen die Hände. Stelle das hintere Knie auf.
10. Hol jetzt mit etwas Schwung auch das zweite Bein nach vorne und stelle beide Füße zwischen die Hände.
11. Stelle dich aufrecht hin, strecke die Arme hoch und lehne dich wieder zurück.
12. Senke die Arme.

# Der Sonnengruß

# 95. Krabbeln, fliegen und stechen

Mit Insekten, Würmern und Spinnen ist das so eine Sache. Manche gelten wie Marienkäfer als Glückssymbol oder sehen wunderschön aus wie Schmetterlinge, andere haben für die meisten Menschen eindeutig zu viele Beine oder stechen sogar schmerzhaft. Kreuze die Tierchen an, die du gar nicht magst.

# 96. Insekten-Kunst

Male den Schmetterling bunt
aus und vergiss den Glitzer nicht.

Spinnen sollen ja ganz nett sein, aber irgendwie sieht man's ihnen nicht an. Kannst du eine freundliche Spinne ins Netz malen?

# 97. Auf dem Rücken der Pferde liegt das Glück dieser Erde

Bedeuten dir Pferde sehr viel und du möchtest am liebsten nur noch reiten und auf den Pferdehof? Dann kannst du bestimmt diese Begriffe dem Pferd zuordnen. Die Lösung findest du auf Seite 221.

| | | |
|---|---|---|
| 1. Ellbogen | 5. Genick | 9. Scheitel |
| 2. Fessel | 6. Huf | 10. Schweif |
| 3. Flanke | 7. Kamm | 11. Sprunggelenk |
| 4. Ganasche | 8. Kruppe | 12. Widerrist |

# 98. Ist doch logisch!

Im Stall stehen vier Pferde. Attila ist kleiner als Chipsy. Auch Leyla ist kleiner als Chipsy. Aristo ist kleiner als Attila, aber nicht das kleinste Pferd. Wer ist nun wer? Die Lösung findest du auf Seite 221.

### Pferdewelt

Wenn du eine Pferdenärrin bist, kennst du dich mit Pferderassen aus. Einige dieser Namen haben allerdings nichts mit Pferden zu tun, riechen dafür nach Kase oder sind glatt erfunden. Streiche sie durch. Die Lösung findest du auf Seite 221.

- Abessinier
- Araber
- Beagle
- Berber
- Bernhardiner
- Gelderländer
- Gulliver
- Haflinger
- Harzer
- Holsteiner
- Krabataner
- Lipizzaner
- Maasdamer
- Neufundländer
- Perser
- Shetlandpony
- Siam
- Emmentaler
- Trakehner
- Spitz

# 99. Lästige Punkte

Unsere Haut muss ganz schön viel aushalten: kalte und warme Temperaturen, Berührung, Druck oder Schmerz. In der Pubertät reagiert die Haut auf die Umstellung des Körpers manchmal sehr extrem. Pickel können in dieser Zeit sehr lästige Begleiter werden. Diese Tipps können dir helfen:

- Trink viel Wasser oder Karottensaft. Viel Flüssigkeit und Vitamin A ist gut für die Haut.
- Obst und Gemüse hilft auch. Es reduziert den Fettanteil der Haut, sodass sie sich nicht mehr so leicht entzündet.
- Nüsse und Körner enthalten viel Selen und Zink und sind gute Begleiter im Kampf gegen Mitesser & Co.
- Geh jeden Tag an die frische Luft. Bewegung regt den Kreislauf an, dein Körper wird besser durchblutet und Pickel heilen besser ab.
- Gesichtsmasken wirken entspannend und heilend.
- Viel Make-up verstopft die Poren und verstärkt Hautunreinheiten. Schmink dich jeden Abend gründlich ab, bevor du ins Bett gehst.

Geh rechtzeitig zum Hautarzt, wenn die Pickel zur entzündlichen Akne werden.

TIPP: Pickel niemals mit den Fingern ausdrücken. Sie können sich entzünden und alles wird viel schlimmer.

## HONIG-TOMATEN-MASKE (FÜR UNREINE HAUT)

Püriere 2 Tomaten mit dem Zauberstab und mische 1 Teelöffel Honig unter. Verteile die Masse auf der Haut, lass sie 10 Minuten wirken und spüle sie mit lauwarmem Wasser ab.

# 100. Haargenau

Welche Haarfarbe man hat, hängt von den Pigmenten in den Fasern der Haare ab. Die meisten Menschen auf der Erde sind dunkelhaarig. Nur 2% haben bis ins Erwachsenenalter blonde Haare, rothaarige Menschen gibt es noch weniger.

**Es gibt verschiedene Haartypen. Welcher bist du?**

| HAARTYP | EIGENSCHAFTEN |
|---|---|
| GLATTES HAAR | Das Haar hat wenig Spliss und glänzt. Es wird meist schnell fettig und ist schwer lockig zu bekommen. |
| WELLIGES HAAR | Mittelding zwischen glatt und lockig. Man kann es glatt oder lockig stylen. |
| LOCKIGES HAAR | Hierzu zählen große bis hin zu kleinen Locken. Die Haare reagieren schnell auf Luftfeuchtigkeit und kringeln sich dann noch mehr. |
| KRAUSES HAAR | Feine, dünne Locken, die meist trocken sind. Fönhitze tut diesen Haaren nicht gut. Besser ist es, sie an der Luft trocknen zu lassen. |

## ZITRONE-MANGO-KOKOS-HAARKUR (FÜR ALLE HAARTYPEN)

**DU BRAUCHST:**

- ★ Eine Zitrone
- ★ 100 ml Kokosmilch
- ★ Eine Mango

1. Wasche zuerst deine Haare und rubbele sie mit einem Handtuch trocken.
2. Presse eine Zitrone aus und verrühre den Saft mit 100 Milliliter Kokosmilch.
3. Schäle eine Mango, schneide sie klein und püriere alle drei Zutaten.
4. Massiere die Mischung in die noch feuchten Haare ein und lass sie 30 Minuten einwirken.
5. Spüle deine Haare danach gut aus. Die Haare duften fruchtig und lassen sich gut kämmen.

**TIPP**
Du kannst deine Haare für diese Zeit mit Klarsichtfolie einwickeln, dann tropft nichts.

# 101. Das Sonnensystem

Kannst du dir auch schwer merken, wer um wen kreist? Das ist ganz einfach: Die Sonne hat eine enorme Anziehungskraft. Gravitation nennt man diese Kraft. Sie sorgt dafür, dass die Planeten auf ihrer ovalen Umlaufbahn um die Sonne bleiben und in der gleichen Richtung kreisen. Die Sonne ist rund 150 Millionen Kilometer von der Erde entfernt.

Der Mond kreist wiederum um die Erde.
Er ist 384.400 Kilometer von der Erde entfernt.
Eine Umkreisung dauert ungefähr 27 Tage.

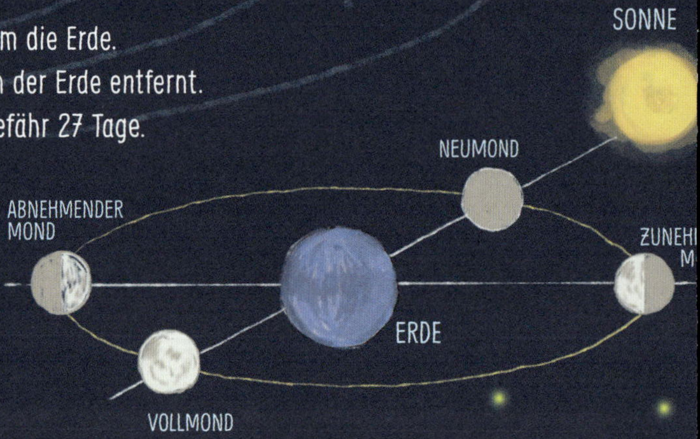


Löse die Aufgabe und du weißt, wie viele Tage ein Auto mit 100 km/h von der Erde bis zum Mond fahren würde.
Die Lösung findest du auf Seite 221.

(999 – 345 + 201 – 678 + 143,4) : 2 = ____ Tage

# 102. Taschenfimmel

Leidest du auch unter akutem Taschenfimmel oder genügt dir ein Rucksack in der Freizeit? Kreise deine Favoriten ein.

# 103. Lust oder Frust?

Siehst du heute durch die rosarote Brille oder bestimmt ein dunkler Schlechte-Laune-Schatten deinen Tag?
Male entweder rosa Herzchen oder mies gelaunte Emojis auf diese Seite.

Meine gute Laune geht gerade meine Motivation suchen. Verdammt, jetzt sind beide weg!

## 104. Geschenk vergessen?

Macht nichts. Gutscheine sind prima Geschenke, wenn du zu spät dran bist oder gerade kein Geld hast. Überleg dir schon mal ein paar Gutscheinideen und schreibe sie auf. Für wen sind die Gutscheine gedacht?

# 105. Bilderwand

Welche Kunstwerke werden von dir in diese Bilderwand gemalt?
Du kannst auch Fotos ausschneiden und aufkleben.

## 106. Datenmüll

Heute wird aufgeräumt. Das Tolle daran ist, dass du dabei ganz gemütlich auf deinem Bett liegen kannst. Sortiere Bilder, Screenshots, Nachrichten auf deinem Smartphone und schmeiß alles, was du nicht mehr brauchst, aus dem Speicher. Denk dran, deine Daten zu sichern. Du wirst dich freuen, wenn dein Handy kaputt oder verloren gegangen ist und du trotzdem Zugriff auf deine Lieblingsfotos und Chats hast.

## 107. Zeig her, deine Füßchen ...

Um die Füße kümmert man sich am wenigsten, obwohl sie die ganze Last des Körpers zu tragen haben. Heute sind sie mal Mittelpunkt in deinem Leben. Strümpfe aus und rein in ein warmes Fußbad. Im Wasser schön die Zehen bewegen, das ist Sport für die Füße. Danach trocken rubbeln und eincremen. Und zum Schluss gibt es noch ordentlich Glitzer auf die Zehennägel!

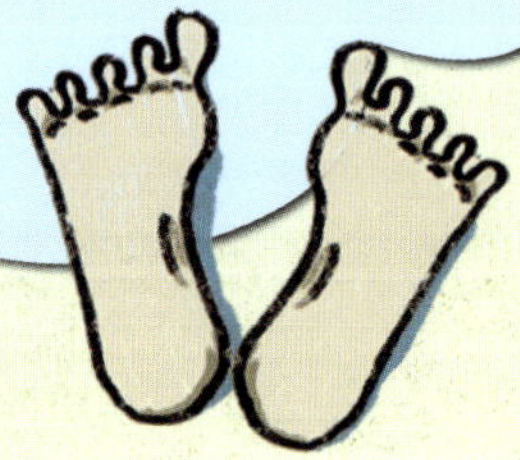

## 108. Lustfrage

Auf was hast du heute mehr Lust? Kreuze an.

| | | | |
|---|---|---|---|
| ◯ Stilles oder | ◯ Sprudelwasser | ◯ Ostern oder | ◯ Halloween |
| ◯ Banane oder | ◯ Apfel | ◯ Lesen oder | ◯ Schreiben |
| ◯ Pizza oder | ◯ Nudeln | ◯ Freizeitpark oder | ◯ Kino |
| ◯ Sofa oder | ◯ Sport | ◯ Flip-Flops oder | ◯ Sneakers |

## 109. Sag's in Bildern

Lass deiner Laune freien Lauf und male auf diese Seite viele verschiedene Fratzen.

# 110. Deine BFF

Wenn du an deine beste Freundin denkst, wird dir ganz warm ums Herz. Ihr seid Best Friends Forever. Was habt ihr gemeinsam? Und gibt es Dinge, die ihr ganz unterschiedlich seht?

- Meine BFF heißt: ____________________
- Sie ist geboren am: ____________________
- Wir sind befreundet seit: ____________________
- Ihr Sternzeichen ist: ____________________
- Das war unser schönstes gemeinsames Erlebnis: ____________________

____________________________________________

- Darüber haben wir uns mal gestritten: ____________________
- Das ist das schönste Geschenk, das ich jemals von ihr bekommen habe:

____________________________________________

- Darüber können wir uns totlachen: ____________________

____________________________________________

- Gemeinsamkeiten:

____________________

____________________

- Unterschiede:

____________________

____________________

Vielleicht hast du nicht nur eine beste Freundin, sondern mehrere gute Freunde.
Schreibe ihre Namen hier auf:

____________________________________________

____________________________________________

# 111. Ich bin doch nicht blöd!

Welche Sachen würdest du niemals machen und was kommt eventuell, vielleicht, mal sehen infrage? Kreuze an.

| | NIEMALS! | VIELLEICHT |
|---|---|---|
| ★ Insekten und Käfer essen | ○ | ○ |
| ★ Eine Nachtwanderung allein durch den Wald | ○ | ○ |
| ★ Ins Dschungelcamp ziehen | ○ | ○ |
| ★ Meine Haare pink färben | ○ | ○ |
| ★ Vom 10-Meter-Turm springen | ○ | ○ |
| ★ Eine superscharfe Peperoni essen | ○ | ○ |
| ★ Motorrad fahren | ○ | ○ |
| ★ Bungee-Jumping | ○ | ○ |
| ★ An einer Castingshow teilnehmen | ○ | ○ |
| ★ Eine Schlange anfassen | ○ | ○ |
| ★ Eine Spinne auf die Hand nehmen | ○ | ○ |
| ★ Auf einer Kuh reiten | ○ | ○ |
| ★ in die Oper gehen | ○ | ○ |
| ★ Tauchen | ○ | ○ |
| ★ Allein im Zelt schlafen | ○ | ○ |
| ★ Eine wackelnde Hängebrücke betreten | ○ | ○ |
| ★ Fallschirmspringen | ○ | ○ |
| ★ Mund-zu-Mund-Beatmung | ○ | ○ |
| ★ Einem Baby die volle Windel wechseln | ○ | ○ |
| ★ Mit einem Delfin schwimmen | ○ | ○ |

## 112. Last Christmas

Das ist eine kleine Erinnerungsübung: Wie lief voriges Jahr Heiligabend bei euch in der Familie ab? Wann wurde der Baum geschmückt, was gab es zu essen und welche Geschenke hast du bekommen?

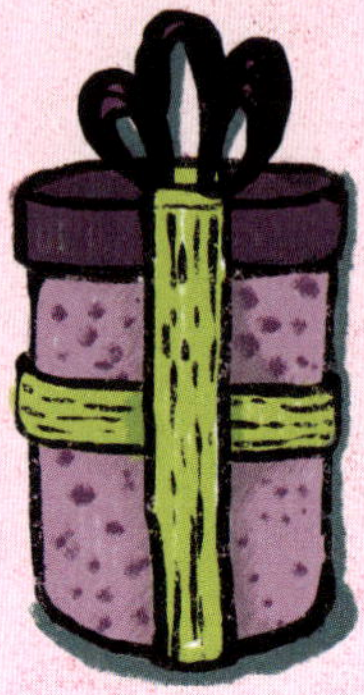

## 113. Winner und Loser

Es gibt solche Lehrer und solche. Auf die einen freust du dich, weil sie einen tollen Unterricht machen, auf die anderen kannst du gut verzichten, weil ihre Stunden stinklangweilig sind. Jetzt kannst du ihnen mal Zensuren geben.

| NAME | COOLNESS | DURCH-SETZUNGS-VERMÖGEN | WISSEN | OUTFIT | HUMOR |
|---|---|---|---|---|---|
| | | | | | |
| | | | | | |
| | | | | | |
| | | | | | |
| | | | | | |
| | | | | | |
| | | | | | |
| | | | | | |
| | | | | | |

# 114. Waschmaschine kann (nicht) jeder

**Wäsche und Waschmittel rein, Taste drücken, Wäsche raus – fertig. So einfach?**

Schön wär's. Denn manchmal verfärbt ausgerechnet das Lieblingsshirt oder das Seidentop passt nur noch der Barbiepuppe. Damit das nicht passiert, muss man das Etikett im Kleidungsstück lesen können. Hier sind die wichtigsten Symbole erklärt:

### WASCHEN

Waschen in der Waschmaschine (bei 60 Grad, andere Temperaturen entsprechend)

Balken unter Symbol: Pflegeleicht oder Feinwaschgang (Bsp. 40 Grad)

Doppelbalken: Sehr schonendes Waschen. Fein- oder Wollwaschgang

Handwäsche (kalt oder lauwarm, max. 30 Grad)

Kalt waschen

Nicht waschen (das heißt meist reinigen)

### BÜGELN

Bügeln heiß

Bügeln warm

Bügeln mit lauwarmem Eisen

Nicht bügeln

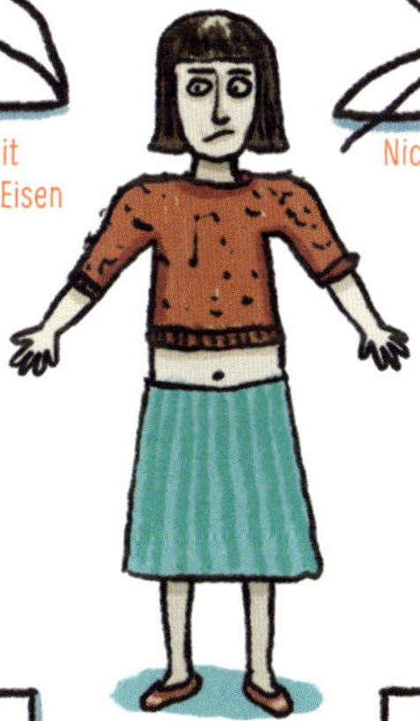

### TROCKNEN

Trocknen im Trockner

Nicht im Trockner trocknen

Trocknen im Trockner bei hoher Temperatur

Trocknen im Trockner bei niedriger Temperatur (schonend)

**TIPP**

Eine Waschmaschine zu bedienen ist natürlich keine Mädchensache. Falls die Männer in deiner Familie das noch nicht können, wird es höchste Zeit, dass du ihnen zeigst, was der Unterschied zwischen Kochwäsche und Schonwaschgang ist.

# 115. Körperschmuck – nicht für die Ewigkeit

Henna ist ein pflanzliches Pulver und kann rot, gelb oder schwarz sein. Es wird vor allem in asiatischen und afrikanischen Ländern zur Körperbemalung und als Haarfärbemittel benutzt und hat dort sogar eine religiöse Bedeutung. Bei uns ist Henna meist reiner Körperschmuck, der nach ein paar Wochen verblasst und schließlich gar nicht mehr zu sehen ist. Ein richtiges Tattoo bleibt dagegen für immer auf der Haut. Male ein Muster auf diese Hand.

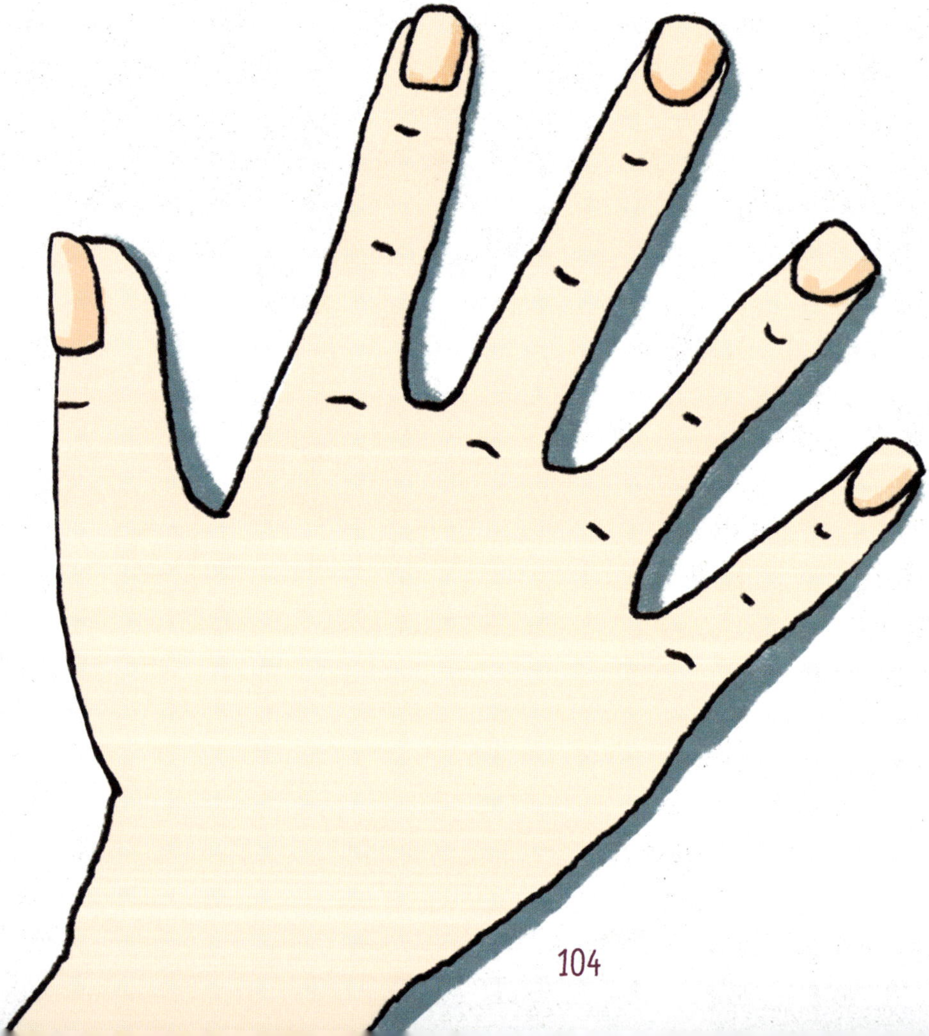

# 116. Krimskramskästchen

Jeder braucht ein Krimskramskästchen, in dem man Zettel, Schmuck oder Liebesbriefe aufbewahren kann. Hübsch verziert ist es außerdem eine tolle Deko in deinem Zimmer.

**DU BRAUCHST:**

- Ein unbemaltes Holzkästchen aus dem Bastel- oder Dekoladen
- Schöne Servietten
- Spezialkleber für Serviettentechnik
- Pinsel, Schwamm
- Schere

**ANLEITUNG:**

1. Lies zuerst die Gebrauchsanleitung auf dem Klebstoff.
2. Für die Serviettentechnik brauchst du nur die oberste Schicht einer Serviette. Schneide dir am besten verschiedene Motive aus der Serviette aus.
3. Streiche dann eine Fläche des Kästchens mit dem Kleber ein und tupfe die Serviettenmotive auf. Dafür kannst du den Pinsel oder einen weichen Schwamm benutzen. Arbeite immer von innen nach außen, damit die Serviette nicht reißt.
4. Versiegele die Fläche anschließend noch einmal dünn mit dem Kleber auf dem Serviettenmotiv. Danach geht es zur nächsten Fläche.

**DIY-TIPP**

Mit dieser Technik kannst du auch Blumentöpfe verzieren oder sogar Dosen, die so im Handumdrehen zu coolen Stiftehaltern werden.

# 117. Typisch Junge! Typisch Mädchen!

Denk mal genau darüber nach, was Jungen und Mädchen unterscheidet und was sie gemeinsam haben. Sind alle Jungs wild und alle Mädchen ganz brav, können nur Jungs Fußball spielen und nur Mädchen auf Ponys reiten oder ist das totaler Blödsinn?

| SO SIND JUNGS | GEMEINSAMKEITEN JUNGS – MÄDCHEN | DAS MACHT EIN MÄDCHEN AUS |
|---|---|---|
| | | |
| | | |
| | | |
| | | |
| | | |
| | | |
| | | |
| | | |
| | | |
| | | |

# 118. Die Welt der Vampire

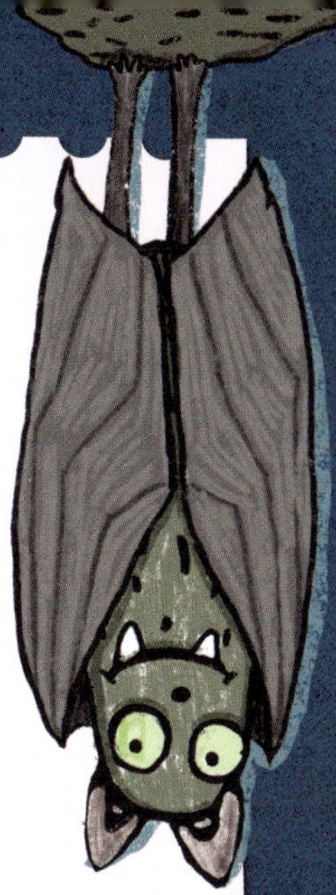

Findest du Vampire cool und spannend oder einfach nur gruselig?

Vampire sind auf jeden Fall faszinierend. Dem Mythos nach ist ein Vampir ein wiederbelebter Toter, der mit überirdischen Kräften nachts sein Unwesen treibt. Der Vampirglaube stammt aus Südosteuropa und ist ca. 350 Jahre alt. Dort brauchte man einen Sündenbock für Krankheiten und Naturkatastrophen. Das Blutsaugen spielte damals noch keine so große Rolle. Der Glaube, dass Vampire menschliches Blut trinken, entstand erst im 19. Jahrhundert durch den irischen Autor Bram Stoker, der mit seinem Roman Graf Dracula zu einem der bekanntesten Blutsauger machte.
Aber auch in anderen Büchern und Filmen üben Vampire eine große Anziehung aus: Der kleine Vampir und die Twilight-Saga sind sehr erfolgreiche Werke mit kleinen und großen Vampiren in den Hauptrollen.

Male einen Vampir, wie du ihn magst. Ist er eine gruselige Figur, ein lustiger Kerl oder eine schöne Untote?

## 119. Münzen zählen

Wie viel Taschengeld hast du noch in diesem Monat zur Verfügung und wie viel Geld ist in deinem Sparschwein? Zähle nach. Funkelt es in deiner Geldbörse oder ist da nur ein schwarzes Loch?

## 120. Taschengeld

| GEPLANTE AUSGABEN IM MONAT | IN EURO | EINNAHMEN IM MONAT | IN EURO |
|---|---|---|---|
| Handy-Kosten | | Taschengeld | |
| Klamotten | | Zuschüsse von Großeltern etc. | |
| Zeitschriften | | Selbst verdientes Geld | |
| Süßigkeiten | | | |
| | | | |
| | | | |
| | | | |
| | | | |
| Gesamt: | = | | = |

Du brauchst mehr Taschengeld, damit du dir mehr Glitzer leisten kannst? Dann stelle eine richtige Einnahmen-Ausgaben-Analyse auf, um deine Eltern zu überzeugen.

Zeig deinen Eltern deine Kostenaufstellung und überlegt gemeinsam, ob du mehr Geld bekommst und im Gegenzug dafür selbst verantwortlich bist für neue Klamotten, Eintrittskarten oder Ähnliches.

## 121. Bad Taste Day

Traust du dich? Zieh mit deiner Freundin Klamotten an, die überhaupt nicht zueinanderpassen, macht euch verrückte Frisuren und dreht eine Runde in eurem Viertel.

## 122. Endlich Wochenende!

Es ist kalt, grau und regnet Bindfäden? Dann ist das hier dein perfekter Plan fürs Wochenende:

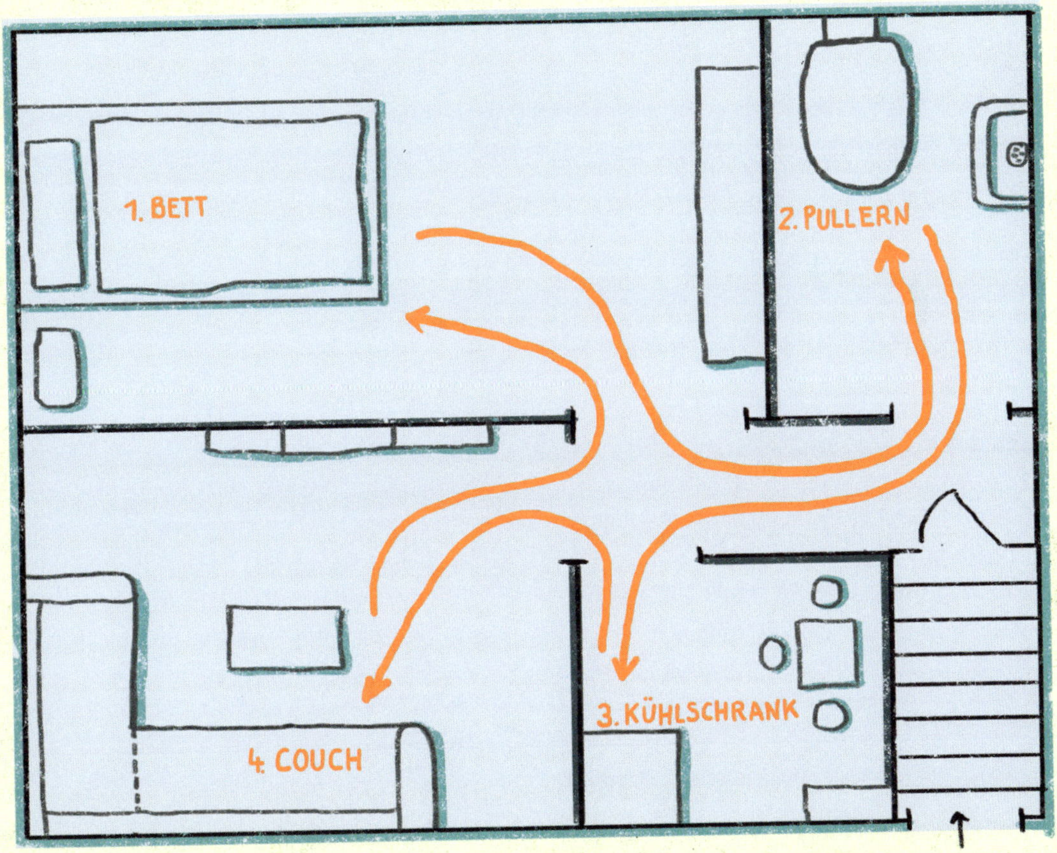

# 123. Zukunftstraum

Was machen du und deine Freunde in 20 Jahren?
Schau nach bei euren Anfangsbuchstaben.

- A – Ist Kiwi-Plantagenbesitzerin in Neuseeland
- B – Bekommt die letzte Rose vom Bachelor
- C – Ist mit Justin Bieber verheiratet
- D – Ist Bergretterin in Bayern
- E – Ist reich und macht gar nichts
- F – Verkauft gegrillte Insekten in Thailand
- G – Erntet Oliven in der Toskana
- H – Hat eine Einhorn-Reitschule
- I – Spielt Bibi Blocksbergs Mutter in der Neuverfilmung
- J – Züchtet Tulpen in Holland
- K – Macht die Löcher in den Schweizer Käse
- L – Löst Heidi Klum bei Germany's Next Topmodel ab
- M – Ist Mitglied einer Punkband
- N – Lebt auf einer Straußenfarm in Australien
- O – Läuft die Chinesische Mauer hoch und runter
- P – Ist Schlagersängerin und in der Jury von DSDS
- Q – Hat sechs Kinder und lebt auf Mallorca
- R – Ist Bootsbauerin in Schottland
- S – Singt Opern in Mailand
- T – Eröffnet ein Café in New York
- U – Hat ein Tattoo-Studio in London
- V – Hat eine eigene Modelinie in Paris
- W – Gründet eine neue Schule in Marokko
- X – Ist Cowgirl in Texas
- Y – Hat ein Taekwondo-Studio in Istanbul
- Z – Lebt auf einem Bauernhof in Brandenburg

# 124. Bist du ein Einhorn?

Finde heraus, ob du im Team Einhorn spielst oder ob dir dafür noch etwas Glitzer fehlt. Von welcher Farbe der jeweiligen Antwortpfeile hast du am meisten? Die Auswertung findest du auf Seite 221.

**Du stehst mit beiden Beinen fest im Glitzer.**

- Natürlich
- Nur mit einem Bein
- Was für Glitzer?

**Für dich ist ein Regenbogen Magie.**

- Na ja, ...
- Das ist ein Naturphänomen.
- Ja

**Wenn du pupst, kommt Glitzer raus.**

- NEIN!
- Darüber rede ich nicht.
- Und zwar rosa Glitzer

**Was ist dein Lieblings-Einhorn-Spruch?**

- Ein bisschen Einhorn kann nicht schaden.
- Mein Einhorn sagt: Die Realität lügt.
- Einhörner gibt es nicht. Basta!

# 125. Der schönste Tag im Leben …

… soll der Hochzeitstag sein. Träumst du auch davon, wie dieser Tag und vor allem DU aussehen sollen? Kreuze die passenden Antworten an.

**Wo möchtest du getraut werden?**

○ Standesamt ○ Kirche ○ am Strand

**Wie möchtest du zur Trauung gebracht werden?**

○ mit einem Oldtimer ○ mit einer Kutsche ○ auf dem Pferd ○ in einer Stretchlimo
○ auf dem Fahrrad ○ zu Fuß

**Wo findet die anschließende Feier statt?**

○ in einem Schloss ○ auf einer Burg ○ im Garten ○ in einem Restaurant
○ auf einem Schif ○ woanders, nämlich ______________________________

**Welche Form hat dein Brautkleid?**

**Was muss dein Brautkleid unbedingt haben?**

- ◯ Schleier
- ◯ lange Schleppe
- ◯ eine Korsage
- ◯ Spitze
- ◯ Perlen
- ◯ Glitzer
- ◯ Strasssteine

**Welche Schuhe möchtest du tragen?**

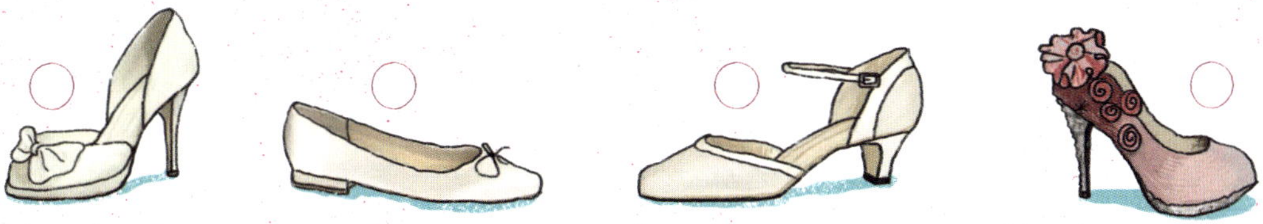

**Zeichne dein Traum-Hochzeitskleid.**

# 126. Powerfrühstück

Diese Müslimuffins sind total lecker und gesund, und man kann sie gut auf Vorrat backen und mit in die Schule nehmen oder einfrieren.

## DU BRAUCHST:

- Ein Apfel und eine Birne oder Banane
- 100 g Trockenfrüchte (Aprikosen, Pflaume, Mango, Rosinen etc.)
- 80 g gehackte Nüsse
- 150 g Vollkornmehl
- 50 g Haferflocken
- 250 g Magerquark
- 2 Eier
- 80 ml Pflanzenöl
- 4 Esslöffel Honig
- Ein Teelöffel Zimt
- Eine Tüte Backpulver
- 12 Muffinförmchen
- Zahnstocher oder Schaschlikspieß

## ZUBEREITUNG:

Den Backofen auf 180 °C vorheizen (Ober- und Unterhitze).

1. Mische das Mehl mit dem Backpulver und dem Zimt.
2. Schäle Apfel und Birne und schneide sie zusammen mit den Trockenfrüchten sehr klein.
3. Gib das Obst zusammen mit den Nüssen und den Haferflocken zum Mehl.
4. Schlage die Eier auf und gib Honig, Quark und Öl dazu. Jetzt alles gut verrühren.
5. Verteile die Masse auf die 12 Förmchen und backe die Muffins ca. 25 Minuten im Ofen. Mach die Stäbchenprobe und schau nach, ob noch Teig am Holzstäbchen kleben bleibt. Falls ja, verlängerst du die Backzeit um weitere 3–4 Minuten.

Deine Freunde werden sie dir aus den Händen reißen!

## 127. Ewigkeiten her

Gibt es einen Menschen, den du lange nicht gesehen hast und vermisst? Dann geh doch einfach mal vorbei, ruf an oder schreibe eine Nachricht. Er oder sie wird sich sicherlich sehr darüber freuen.

## 128. Die passen gut zusammen, ...

... sie wissen es nur noch nicht. Mach dir einen Spaß und verkupple immer zwei Menschen aus deiner Schule oder deinem Freundeskreis zu einem Paar. Schreibe die Traumkombinationen auf.

1. ______________________ + ______________________
2. ______________________ + ______________________
3. ______________________ + ______________________
4. ______________________ + ______________________
5. ______________________ + ______________________
6. ______________________ + ______________________

# 129. Die Schule ist ein Witz!

Sprüche und Witze machen die Schule oft ein bisschen erträglicher. Kennst du noch andere?

Lehrer sind wie eine Würstchenbude. Überall geben sie ihren Senf dazu.

Chemie ist das, was knallt und stinkt. Physik ist das, was nie gelingt.

Schule ist Zeit. Zeit ist Geld. Geld ist Luxus und auf Luxus kann ich verzichten.

Lehrer nennen es Abschreiben. Wir nennen es Gruppenarbeit.

Ich habe immer drei Sachen in der Mathearbeit richtig: Name, Klasse, Datum.

Lehrer sind Menschen, die einem helfen Probleme zu bewältigen, die man ohne sie gar nicht hätte.

Wenn alles schläft und einer spricht, den Zustand nennt man Unterricht.

Rechtschreibunk ist gar nich so wischtisch. Was zehlt is die Messitsch.

Der Lehrer sagt: „Wenn ich sage: ‚Ich bin krank', was ist das für eine Zeit?" Der Schüler antwortet: „Eine sehr schöne Zeit."

Ein Schüler soll eine Gleichung mit X lösen. Er sagt zu seinem Mathelehrer: „Haben Sie vielleicht schon mal daran gedacht, dass X lieber anonym bleiben will?"

Der Lehrer fragt die Schülerin: „Was haben wir letzte Stunde gemacht?" Die Schülerin antwortet: „Wer? Sie oder ich?"

Eine Mutter fragt den Lehrer, ob es noch eine Chance gibt, dass ihr Sohn versetzt wird. Der Lehrer antwortet: „Auf keinen Fall. Mit dem, was Ihr Sohn nicht weiß, können noch drei andere Schüler sitzenbleiben."

„Warum hast du einen Tadel bekommen?", fragt die Mutter. Der Sohn antwortet: „Der Lehrer sagte, er wolle nicht immer dieselben Finger oben sehen. Da habe ich den Mittelfinger genommen."

Wie viel Schlaf braucht der Mensch am Tag? Auf jeden Fall mehr als 6 Stunden Schule.

## 130. Schuh-Chaos

Zieh dir für deinen nächsten Spaziergang zwei verschiedene Schuhe an. Die Menschen auf der Straße werden dich anstarren. Hältst du das aus?

## 131. Fortbewegung

Wenn du es dir aussuchen könntest, wie würdest du gern mal verreisen? Kreuze alle Möglichkeiten an, die dir gefallen.

| | | |
|---|---|---|
| ◯ Flugzeug | ◯ Kutsche | ◯ Motorrad |
| ◯ Hubschrauber | ◯ Fliegender Teppich | ◯ Hausboot |
| ◯ Ballon | ◯ Dampflok | ◯ Kanu |
| ◯ Zeppelin | ◯ Transsibirische Eisenbahn | ◯ Kreuzfahrtschiff |
| ◯ Gleitflieger | ◯ Draisine | ◯ Quad |
| ◯ Segelflugzeug | ◯ Tandem | ◯ Cabrio |
| ◯ Adler | ◯ Fahrrad | ◯ Rennauto |
| ◯ Esel | ◯ Lkw | ◯ Kamel |
| ◯ Pferd | ◯ Wohnmobil | |

## 132. Gehirntraining

Heute ist der beste Tag, um auszuprobieren, wie die Schulaufgaben aussehen, wenn du sie mit der anderen Hand schreibst. Falls dein Lehrer wegen deiner seltsamen Schrift meckert, sag, dass du dein Gehirn trainierst.

Schreibe hier deinen Namen: ______________________________

# 133. Unsere bunte Welt

Wen kennst du aus anderen Ländern? Wie heißen sie und wo kommen sie her? Und wo kommst du her?

| NAME | HERKUNFTSLAND |
|---|---|
| | |
| | |
| | |
| | |
| | |
| | |

# 134. Fast Food

Kreise ein, worauf du heute am meisten Lust hättest:

Veggie-Burger
Fischbrötchen
Döner
Cheeseburger
Pizza
Lasagne
Sushi
Fischstäbchen
Sandwich
Currywurst
Süßkartoffel-Pommes
Spaghetti bolognese

Und zum Nachtisch: ____________________

# 135. Blumen aus Seidenpapier

Die Pompons aus Seidenpapier sehen aus wie bunte Blüten aus dem Feenland.

**DU BRAUCHST FÜR EINE BLUME:**

- ★ Neun gleich große Lagen Seidenpapier DIN-A4
- ★ Faden
- ★ Schere
- ★ Stift
- ★ Zum Aufstellen: dünne Stöcke oder bunter Pfeifendraht

**SO GEHT'S:**

1.

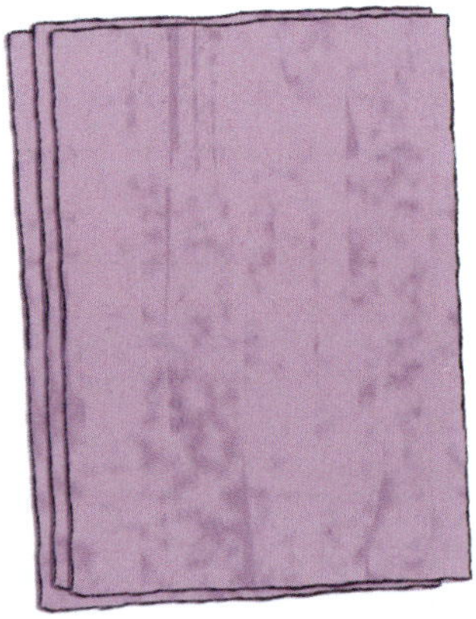

2.

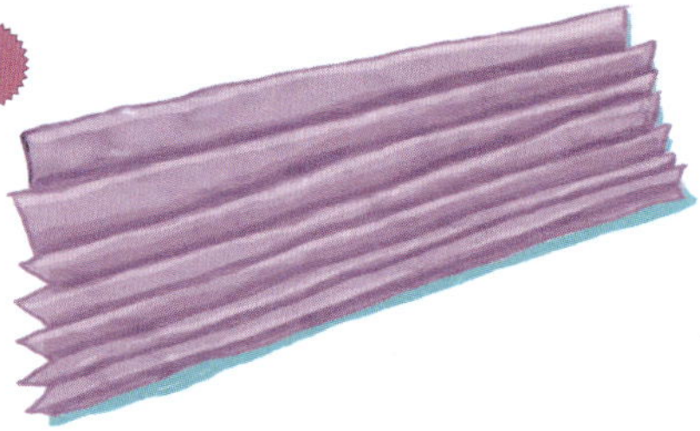

3.

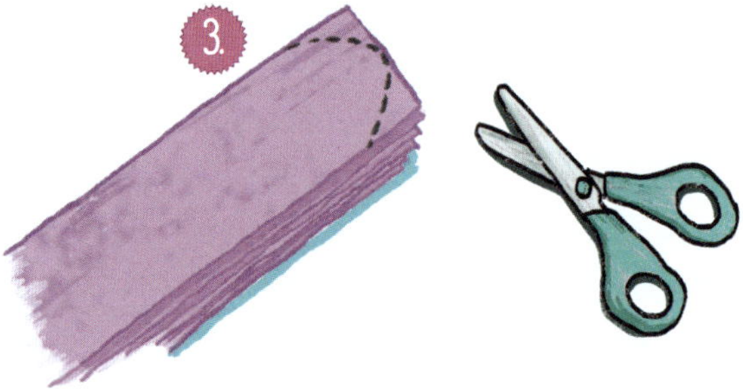

4.

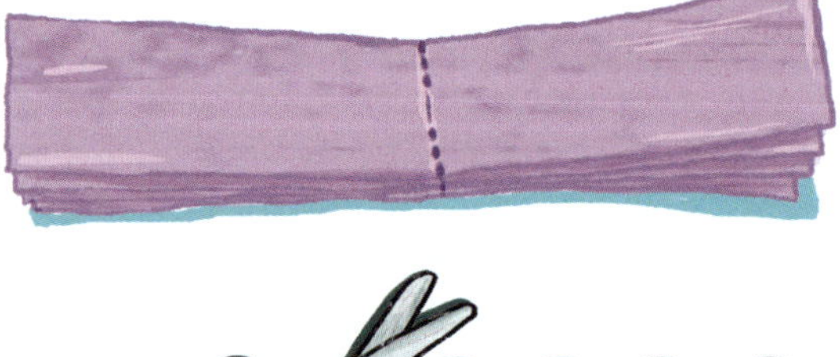

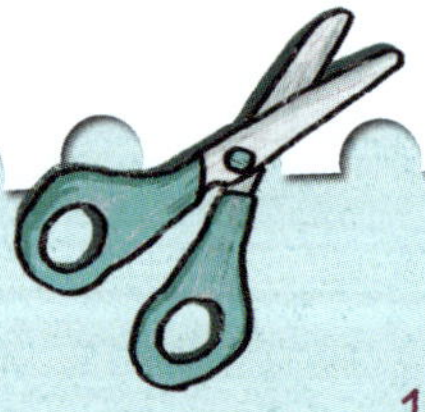

1. Für eine große Seidenpapierblüte legst du je drei DIN-A4-Seidenpapiere übereinander.
2. Falte die drei Stapel einzeln wie eine Ziehharmonika. Die Treppen sollten ungefähr 2 cm breit sein.
3. Schneide oben und unten bei jeden Fächer eine Rundung.
4. Die Fächer werden nun jeweils in der Mitte gefalzt und genau dort von rechts und links ein wenig eingeschnitten. Gut aufpassen, dass dabei der Fächer nicht getrennt wird.
5. Leg nun die drei abgerundeten Fächer übereinander und knote sie mit einem Faden zusammen. Nimm einen längeren Faden, den du gleich zum Aufhängen nutzen kannst.
6. Jetzt brauchst du viel Gefühl: Zieh die einzelnen Blätter vorsichtig auseinander. Wenn das Papier mal reißt, ist das nicht schlimm. Wenn die Blüte schön dicht aufgezogen wird, sieht man das später nicht mehr.
7. Hänge die Blüte zum Schluss am Faden auf oder befestige sie an einem Stock.

5.

6.

# 136. Das perfekte Duo

Such den Anfangsbuchstaben deiner Freundin und du weißt, welchem Duo ihr ähnelt. Wer wer ist, müsst ihr dann selbst herausfinden.

A – Biene Maja & Willi

B – Winnetou & Old Shatterhand

C – Hanni & Nanni

D – Susi & Strolch

E – Alice & Grinsekatze

F – Pippi & Annika

G – Asterix & Obelix

H – Cap & Capper

I – Lotte & Luise

J – Bibi & Tina

K – Taylor Swift & Selena Gomez

L – Manni & Sid

M – Schneeweißchen & Rosenrot

N – Winni Puuh & Ferkel

O – Einhorn & Elfe

P – Barbie & Skipper

Q – Mogli & Balu

R – Nemo & Dorie

S – Tom & Jerry

T – SpongeBob & Patrick

U – Sherlock Holmes & Dr. Watson

V – Kendall & Kylie Jenner

W – Lilo & Stitch

X – Anna & Elsa

Y – Robbi & Tobbi

Z – Lisa & Lena

# 137. Ganz in Ruhe

Psst, sei mal ganz leise. Schließe die Augen und atme ruhig ein und aus. Was kannst du hören? Deine Nachbarn, deinen Atem, Autos vor der Tür, das Bellen von Hunden, die Straßenbahn …
Versuch so viele Geräusche wie möglich einzeln wahrzunehmen.

# 138. Knopfdruck

Gib diesen Knöpfen Farbe, Muster und Glitzer.

# 139. Unvorstellbar

Es gibt ja vieles, was einem das Leben schwer machen kann, aber das gesuchte Wort wäre echt superblöd! Löse das Bilderrätsel und gönn dir gleich was Gutes, wenn du davon verschont geblieben bist. Die Lösung findest du auf Seite 221.

_ _ _ _ _ _ _

1 2 3 ~~4~~ ~~5~~ ~~6~~ ~~7~~

_ _ _ _ _ _ _ _

~~1~~ ~~2~~ 3 4 5 ~~6~~ ~~7~~ ~~8~~

_ _ _ _ _

~~1~~ ~~2~~ ~~3~~ 4 5

_ _ _ _ _ _ _ _ _

~~1~~ ~~2~~ 3 4 ~~5~~ ~~6~~ 7 ~~8~~ ~~9~~

_ _ _ _

~~1~~ 2 3 4

_ _ _ _ _

~~1~~ ~~2~~ 3 4 5

_ _ _ _ _

~~1~~ 2 3 ~~4~~ ~~5~~

LÖSUNGSWORT:

_ _ _ _ _ _ _ _ _ _ _ _ _ _ _ _ _ _ _

# 140. Tierischer Trend

Mäuse, Schafe, Eulen, Pinguine, Flamingos – diese Tiere waren bereits voll im Trend und es gab eine Menge Dekoartikel und Klamotten mit ihnen. Welches Tier verdient es als Nächstes, ganz groß rauszukommen und viel neuen Glitzer in dein Leben zu bringen? Fallen dir lustige Bezeichnungen für die Tiere ein, die sich als Werbenamen eignen?

# 141. Total anziehend

Bring ein bisschen Funkeln in eure Wohnung und bastle glitzernde Kühlschrankmagneten.

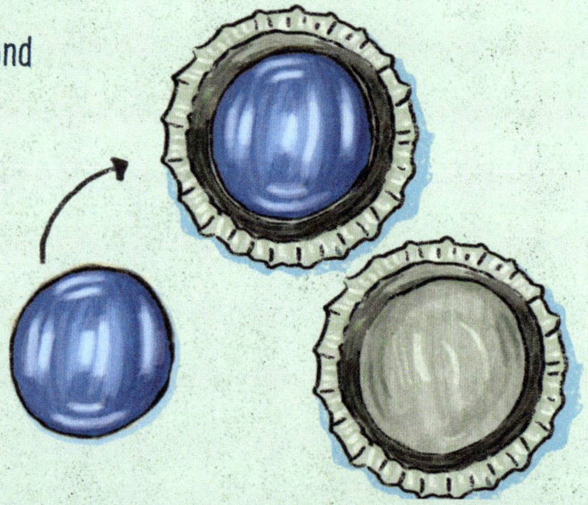

**DU BRAUCHST DAFÜR:**

- Kronkorken
- Bastelfolie oder Alufolie
- Kleine Magneten
- Schmucksteine, Perlen, Fotos, Knöpfe oder Strohblumen, die kleiner als der Kronkorken sind
- Alleskleber und Schere

**LOS GEHT'S:**

Zuerst verzierst du die Kronkorken, und zwar von innen. Falls deine Schmucksteine sehr viel kleiner als der Kronkorken sind, klebst du zuerst die Alu- oder Bastelfolie hinein, damit man die graue Gummierung nicht mehr sieht. Danach sind deiner Fantasie keine Grenzen gesetzt: Klebe bunte Glitzersteine oder Perlen in die Korken. Wenn du fertig bist und alles gut getrocknet ist, klebst du von außen den Magneten mit Alleskleber fest. Fertig!

**TIPP**
Wenn du verschiedenfarbige Magneten haben willst, male die Kronkorken mit Lackfarbe an. Dann brauchst du keine Folie.

# 142. Superwoman

„Nur noch kurz die Welt retten" ist nicht so einfach. Doch du kannst auch etwas dazu beitragen, dass sie ein bisschen mehr strahlt.

1. Spare Strom und zieh alle Stecker aus den Steckdosen, wenn die Geräte nicht gebraucht werden. Auch Stand-by-Geräte ziehen Strom. Energiesparlampen verbrauchen viel weniger Energie.
2. Geh sparsam mit Papier um, denn für die Herstellung braucht man Holz. Verwende Vorder- und Rückseite und nimm nicht für jede Kritzelei ein neues Blatt Papier.
3. Frag im Tierheim nach, ob du helfen kannst.
4. Lass kleine Krabbeltiere, die dir nichts tun, am Leben und setze sie zurück nach draußen, falls sie sich in dein Zimmer verirrt haben.
5. Kaufe Obst und Gemüse, das aus deiner Nähe kommt und zur Jahreszeit passt. Warum Früchte aus Südafrika holen, wenn nicht weit von dir entfernt ein Obsthof ist?
6. Öko-Label gibt's nicht nur fürs Essen, sondern auch für Klamotten. Sie zeigen dir an, dass die Klamotten unter guten Bedingungen und zu fairen Preisen für die Arbeiter hergestellt wurden. Achte beim nächsten Shopping drauf, du wirst sehen, dass auch angesagte Modeketten solche Klamotten anbieten.
7. Frag Familie oder Freunde, ob sie deine Hilfe gebrauchen könnten.
8. Tritt Menschen aus anderen Ländern offen gegenüber auf. Unsere Welt besteht aus vielen Kulturen und Religionen. Es ist total spannend, mehr voneinander zu erfahren.

Was könntest du noch machen, damit du eine Superwoman wirst?

______________________________

______________________________

# 143. Sommerparty

Sommer ist Partyzeit. Für ein Fest mit Freunden brauchst du nicht mal einen Anlass, nur gut geplant sollte es sein. Jeder bringt etwas zu trinken und zu essen mit, dann wird's auch nicht zu teuer. Mottopartys sind sehr lustig, weil man sich besonders anziehen und viel dekorieren kann.

**Brauchst du ein gutes Motto?**

- ★ Beach
- ★ Sonne, Mond und Sterne
- ★ Piraten
- ★ Flower-Power
- ★ Bad Taste
- ★ Fußball ist unser Leben
- ★ Abendmode
- ★ Filmstars
- ★ Tierisch gut
- ★ Ganz in Weiß
- ★ Märchenhaft
- ★ Einmal um die ganze Welt

**Hast du die Party gut geplant? Hier ist eine Checkliste: ✓**

- ○ Wetterbericht checken
- ○ Partyort wählen
- ○ Erwachsene Aufsichtspersonen informieren
- ○ Motto aussuchen
- ○ Einladungen verteilen
- ○ Dekorationen besorgen
- ○ Liste angelegen, wer was zu essen und zu trinken mitbringt
- ○ Tische und Stühle aufbauen oder Picknickdecken einpacken
- ○ Musik auswählen und DJ festgelegen
- ○ Klamotten raussuchen
- ○ Nachbarn Bescheid sagen oder einladen

Gestalte deine Einladungskarte für deine Party. Kopiere sie für alle deine Gäste.

# EINLADUNG

Heute ist ein guter Tag zum Tanzen!

## 144 Dekoideen für die Sommerparty

### 1. PAPIERKETTEN

Das geht ganz schnell. Schneide bunte Papierstreifen aus und verbinde sie wie Ringe mit Klebstoff oder Tacker.

### 2. TEELICHTER

Entferne die Etiketten der Marmeladengläser mit warmem Wasser oder Spüli, trockne die Gläser gut ab und umklebe sie mit Masking Tape (selbstklebende Bänder in coolen Designs aus dem Bastelladen).

### 3. KNABBERKETTEN

Leckere Deko: Fädele Brezeln oder anderes Knabbergebäck auf und hänge die Ketten zum Beispiel an Zweige.

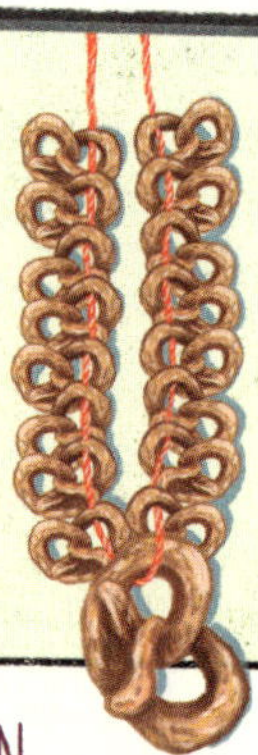

**DU BRAUCHST:**

- Eine leere Plastikflasche
- Drei stabile Stöcke (mindestens einen Meter lang)
- Masking Tape oder Klebeband

### 4. OUTDOOR-BLUMENVASEN

1. Klebe zuerst die drei Stöcke an drei Stellen im unteren Drittel zusammen.
2. Stecke dann die Flasche zwischen die drei Stöcke und klebe sie daran nochmals an drei Stellen fest.
3. Fülle etwas Wasser in die Flasche und stelle eine Blume hinein.
4. Bohre das untere Drittel der Stöcke in die Erde und voilà: deine Partylocation ist geschmückt!

# 145. Das schmeckt nach Sommer

## ERDBEER-ANANAS-MANGO-BOWLE

**ZUTATEN:**

- 500 g Erdbeeren
- 1 Dose Ananas
- 2 reife Mangos
- 2 Flaschen Mineralwasser mit Sprudel
- 1 Flasche Erdbeernektar
- 1 Flasche Ananassaft
- Saft von zwei Zitronen
- Eiswürfel

**ZUBEREITUNG:**

1. Wasche und schäle das Obst.
2. Schneide es klein und gib es in einen großen Topf.
3. Gieß die Getränke und den Zitronensaft dazu und lass alles mindestens zwei Stunden ziehen.
4. Erst wenn die Gäste kommen, gibst du die Eiswürfel dazu.

## COOLE EISWÜRFEL

Diese Eiswürfel sind auf jeder Party der Knaller.

**DU BRAUCHST:**

- Wasser
- Eiswürfelbehälter
- Beerenfrüchte, Rosenblätter, Minzblätter
- Fruchtsirup

**ZUBEREITUNG:**

Leg in jede Form eine Beere oder ein Blatt und fülle sie mit Wasser auf. In einige Formen 2 Tropfen Sirup dazugeben, damit die Eiswürfel Farbe annehmen.

**TIPP**

Die Eiswürfel in verschiedenen Formen wie Herzen, Sterne usw. sehen noch schöner aus.

## 146. Vollautomatisch, oder?

Versuch einmal ganz bewusst darauf zu achten, was beim Atmen passiert, und mach diese Übung:

1. Leg dich ganz entspannt auf den Rücken und schließe die Augen.
2. Nimm eine Hand auf den Bauch und atme ganz tief durch die Nase ein. Stell dir dabei vor, dass du etwas gut Riechendes einsaugst.
3. Atme durch den Mund aus und stell dir vor, du pustest eine Kerze aus.
4. Wiederhole das Ein- und Ausatmen und zähle dabei bis 5. Fünf Sekunden einatmen und fünf Sekunden ausatmen.
5. Ändere deine Haltung. Setz dich auf oder stelle dich hin und fang die Übung von vorn an.

## 147. Straßenkunst

Heute wird draußen gemalt. Nimm Kreide mit und verewige dich wie früher auf deiner Straße. Was wohl nach dem Regen davon übrig bleibt?

## 148. Kinderspiele

Welche Spiele hast du, als du klein warst, besonders gern gespielt?

1. ______________________________
2. ______________________________
3. ______________________________
4. ______________________________
5. ______________________________

# 149. Wer hat das geschrieben?

Lass deine Freunde immer diesen Satz aufschreiben, ohne dass du zuguckst.
Das Leben ist kunterbunt, wenn wir es ausmalen.

Dann rate, wessen Handschrift das ist.

# 150. Old School

Welchen Spruch mussten sich schon deine Urgroßeltern in der Schule anhören? Zähle jeden dritten Buchstaben und schreibe ihn auf. Fang am Schlangenkopf an.
ss = ß Die Lösung findest du auf Seite 221.

## 151. Weißt du noch?

Kannst du dich noch erinnern, wie deine Schultüte aussah? Und war etwas Besonderes drin, das du dir damals sehr gewünscht hast?

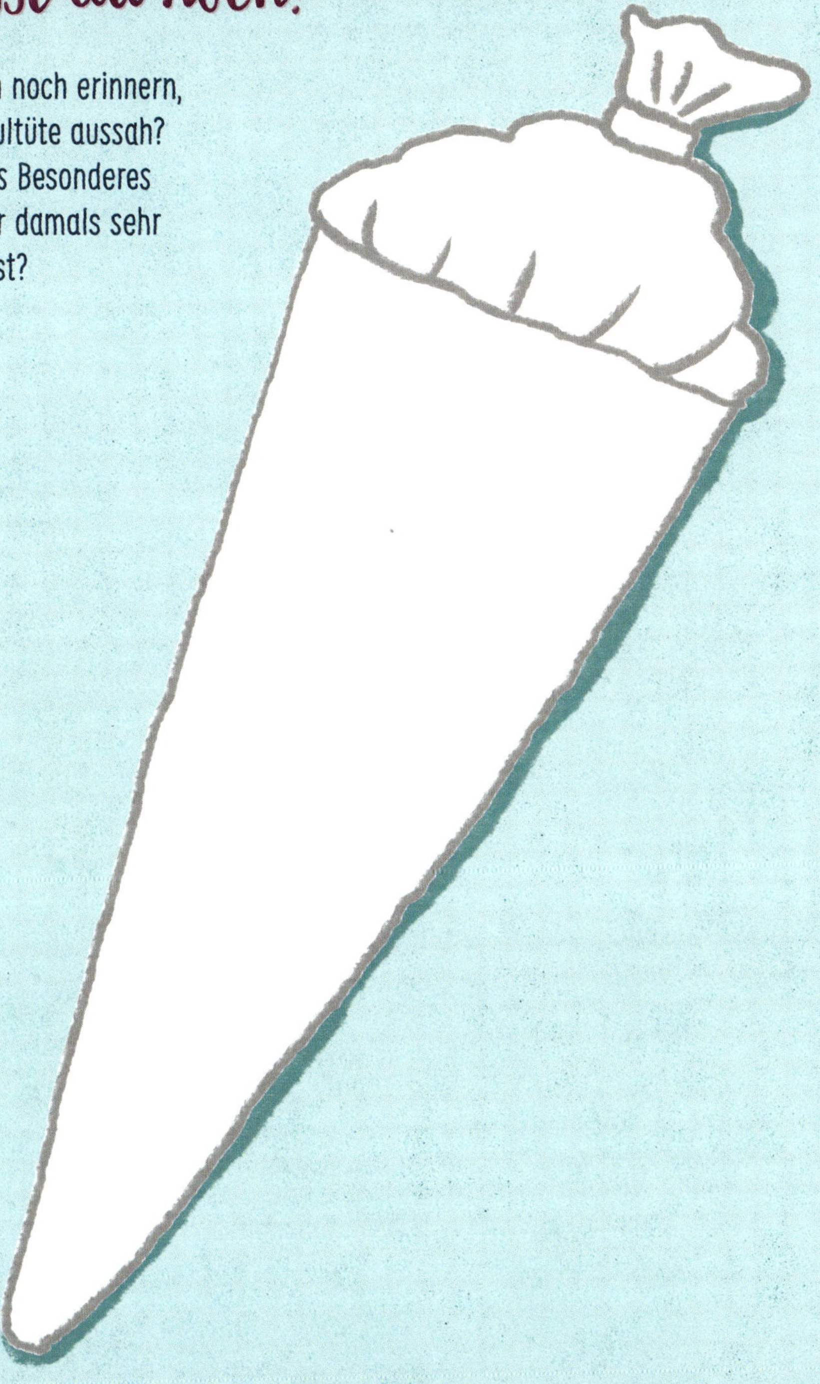

## 152. Wird mal wieder Zeit, ...

... Ordnung in dein Leben zu bringen. Hier sind 9 Anregungen, was du tun könntest. Eine setze sofort um.

1. Gib geborgte Sachen zurück.
2. Räume deine Schultasche auf.
3. Schau unter deinem Bett nach, was der Bio-Kompost macht.
4. Putz deine Schuhe.
5. Schütze deine Schulbücher mit Umschlägen.
6. Bring deinen Mülleimer raus.
7. Räum deine Klamotten in den Schrank.
8. Staubsaugen wäre eine gute Idee.
9. Leg dich auf nur EINE Sammelleidenschaft fest.

Das ist keine Unordnung, hier liegen nur überall Ideen rum.

# 153. Hobbys

Was sind deine Hobbys oder welche würdest du gern mal ausprobieren?

- ★ Tennis spielen
- ★ Angeln
- ★ Karate
- ★ Zaubern
- ★ Bei den Pfadfindern mitmachen
- ★ Nähen
- ★ Fußball spielen
- ★ Singen
- ★ Malen
- ★ Stricken oder Häkeln
- ★ Schmuck designen
- ★ Turnen
- ★ Kanu fahren
- ★ Surfen
- ★ Reiten
- ★ Musikinstrument spielen
- ★ Ballett tanzen

Noch etwas anderes, nämlich: ______________________________

# 154. Tierisch was los

Die kuriosen Dinge und Tierrekorde sind manchmal kaum zu glauben.
Wie viele wirst du richtig raten? Diese Lösung findest du auf der Seite 221.

1. Welcher Insektenname ist erfunden?

- a. Heiliger Pillendreher
- b. Grau melierter Alpen-Würfel-Dickkopffalter
- c. Wabbeliger Dünnschreckenkäfer
- d. Geflecktflüglige Ameisenjungfer

2. Das Flügelschlagen sorgt bei einer Mücke für das typische Geräusch. Wie oft macht sie das in einer Sekunde?

- a. 5–10 mal
- b. 20–50 mal
- c. 100–200 mal
- d. 400–2.000 mal

3. Welcher Vogel kann wirklich fliegen?

- a. Schwan
- b. Strauß
- c. Pinguin
- d. Kakapo (Eulenpapagei)

4. Welches Säugetier bekommt pro Jahr den meisten Nachwuchs?

- a. Tanrek (Madagaskar-Igel)
- b. Ratte
- c. Schwein
- d. Giraffe

5. Kolibris sind die kleinsten Vögel. Aber was ist an ihnen noch besonders?

- a. Sie legen 100 Eier auf einmal.
- b. Sie können vorwärts und rückwärts fliegen.
- c. Mit ihrem Schnabel können sie Konservendosen öffnen.
- d. Sie können sprechen.

6. Wie heißt eine Gattung der Teufelsrochen?

- a. Golf
- b. Yeti
- c. Manta
- d. Corsa

7. Wie lange kann ein Mauersegler in der Luft bleiben, ohne sich einmal niederzusetzen?

- a. 12 Stunden
- b. 9 Monate
- c. 2 Wochen
- d. 3 Tage

8. Wie lang kann das männliche Leistenkrokodil werden?

- a. 1 Meter
- b. 2 Meter
- c. 5 Meter
- d. 7 Meter

9. Welches Säugetier kann bis zu 120 km/h schnell laufen?

- a. Panther
- b. Gepard
- c. Leopard
- d. Puma

10. Bei welchem Tier tragen die Männchen die Eier in ihrer Bauchtasche?

- a. Pinguine
- b. Schildkröten
- c. Seepferdchen
- d. Kängurus

# 155. Was ist der Unterschied zwischen …

Kennst du die schon?

Was ist der Unterschied zwischen einem Beinbruch und einem Einbruch?

Bei einem Beinbruch kann man liegen. Nach einem Einbruch muss man sitzen.

Was ist der Unterschied zwischen einem Auto und einer Rolle Klopapier?

Ein Auto kann man auch gebraucht kaufen

Was ist der Unterschied zwischen einem Bäcker und einem Teppich?

Der Bäcker muss um 3.30 Uhr aufstehen. Der Teppich kann liegen bleiben.

Worin liegt der Unterschied zwischen einem Blitz und einem Pferd?

Der Blitz schlägt ein, das Pferd aus.

Was ist der Unterschied zwischen einer Regenwolke und einem Lehrer?

Die Regenwolke verzieht sich auch mal wieder.

Was ist der Unterschied zwischen einem Fußballspieler und einem Fußgänger?

Der Fußgänger geht bei Grün. Der Fußballer bei Rot.

Welcher Unterschied besteht zwischen einem Arzt und einem Dieb?

Der Dieb weiß immer, was dem Menschen fehlt, wenn er mit seiner Arbeit fertig ist.

# 156. Glitzerglibber

Was gibt es Schöneres, als mit den Händen Glibberschleim zu kneten? Den kannst du auch ganz schnell selbst machen und so gestalten, wie du willst.

## DU BRAUCHST:

- 100 g wasserlöslicher Glitzer-Bastelkleber
- 1 Päckchen Back-Natron
- 1–2 TL Kontaktlinsenflüssigkeit (Kombilösung)
- Ein Flaschendeckel und etwas Wasser
- Lebensmittelfarbe
- Eine Schüssel
- Glitzerpulver, kleine Perlen
- Ein alter Teelöffel

## SO GEHT'S:

1. Gib den Bastelkleber und Glitzer in eine Schüssel.
2. Mische nach und nach Natron unter. Am Anfang nicht zu viel Natron zugeben, da der Schleim sonst zu fest wird. Dafür braucht es etwas Fingerspitzengefühl.
3. Jetzt vermischst du die Kontaktlinsenflüssigkeit und die Lebensmittelfarbe mit der Klebermasse. Für die Geschmeidigkeit kippst du einen Flaschendeckel Wasser hinzu.
4. Verrühre alles mit dem Löffel, bis sich alle Klümpchen gelöst haben und eine weiche Masse entstanden ist.
5. Reibe dann die Hände mit etwas Kontaktlinsenflüssigkeit ein und knete den Schleim mit den Händen weiter.
6. Bevor er richtig fertig ist, sollte der Schleim 1–2 Stunden in der geschlossenen Plastikdose ruhen.

**TIPP**
Den Glitzerschleim immer in einer geschlossenen Plastikdose aufbewahren, sonst trocknet er aus. Natürlich ist der Schleim nicht essbar! Aber er ist wasserlöslich und somit auswaschbar. Im Internet gibt es viele andere Anleitungen für Glibberschleim, auch ohne Klebstoff.

## 157. Du warst einmal ...

Wer warst du mal in einem früheren Leben? Und was haben deine Freunde damals gemacht? Die Anfangsbuchstaben eurer Namen verraten es dir.

A – Nonne
B – Wahrsagerin
C – Burgfräulein
D – Bäuerin
E – Opernsängerin
F – Hexe
G – Mutter von 14 Kindern
H – Schmetterling
I – Hippie
J – Baum
K – Balletttänzerin
L – Faultier
M – Pilotin
N – Kaiserin von China
O – Clown
P – Rentier vom Weihnachtsmann
Q – Seegurke
R – Stolze Löwin
S – Junge
T – Stern
U – Meerjungfrau
V – Präsidentin der Vereinigten Staaten
W – Adler
X – Wurm
Y – Pusteblume
Z – Orientalische Prinzessin

## 158. Du warst einmal ...

Welche Zeit würdest du gern mal als Besucherin mit Rückfahrticket besuchen und welche Person würdest du gern dort sein?

___

___

___

## 159. Schokoladentraum

Egal ob draußen Schietwetter ist, du schlecht drauf bist oder einfach Bock auf Schoki hast, für diese Trinkschokolade lässt du jedes Fertig-Kakaopulver links liegen.

**ZUTATEN:**

- 2 gut gehäufte Teelöffel echte Trinkschokolade (Kakaogehalt mindestens 30%!)
- 1 Teelöffel geriebene Blockschokolade
- 1 Teelöffel Schokotröpfchen
- 250 ml heiße Milch
- Ein paar Mini-Marshmallows

**ZUBEREITUNG:**

Gib die drei Schokoladensorten mit heißer Milch in einer Tasse und verrühre alles gut. Streue zum Schluss als süßen Kick Marshmallows über deinen Schokotraum.

## 160. Schoko-Geschenk

Aus den genannten Zutaten (bis auf die Milch) kannst du ein wunderbares Freundschaftsgeschenk herstellen. Fülle die drei Sorten Schokolade und ein paar Marshmallows in ein schönes Glas. Um den Deckel legst du schönes Papier und knotest es mit Geschenkband fest. Bring zum Schluss noch einen Anhänger an, auf dem das Rezept steht.

Schokolade löst keine Probleme. Aber das tut ein Apfel ja auch nicht.

# 161. Leise rieselt der Schnee …

10 Dinge, die man im Winter tun könnte:

1. Einen Schneemann bauen.
2. Einen Schal stricken.
3. Einen Brief schreiben.
4. Plätzchen backen.
5. Schneeflocken auf der Zunge zergehen lassen.
6. Im Schnee einen Engel machen.
7. Auf Eis schlittern.
8. Rodeln gehen.
9. Den Lieblingsfilm mit einer heißen Schokolade genießen.
10. Eine Weihnachtswunschliste ausfüllen.

# 162. Wintersport

Welches Wintersportgerät ist dein Favorit?

## 163. Geheimer Brief

Hier hast du Platz, jemandem einen Brief zu schreiben und ihm etwas zu sagen, was du dich noch nie getraut hast. Du musst ihn nicht abschicken.

TOP SECRET

# 164. Schönschreiben

Kalligrafie ist das griechische Wort für die Kunst des Schönschreibens. Versuch doch mal auf der rechten Seite deinen Namen oder andere Wörter in dieser Schönschrift nachzuschreiben. Nimm am besten einen Füller oder weichen Filzstift.

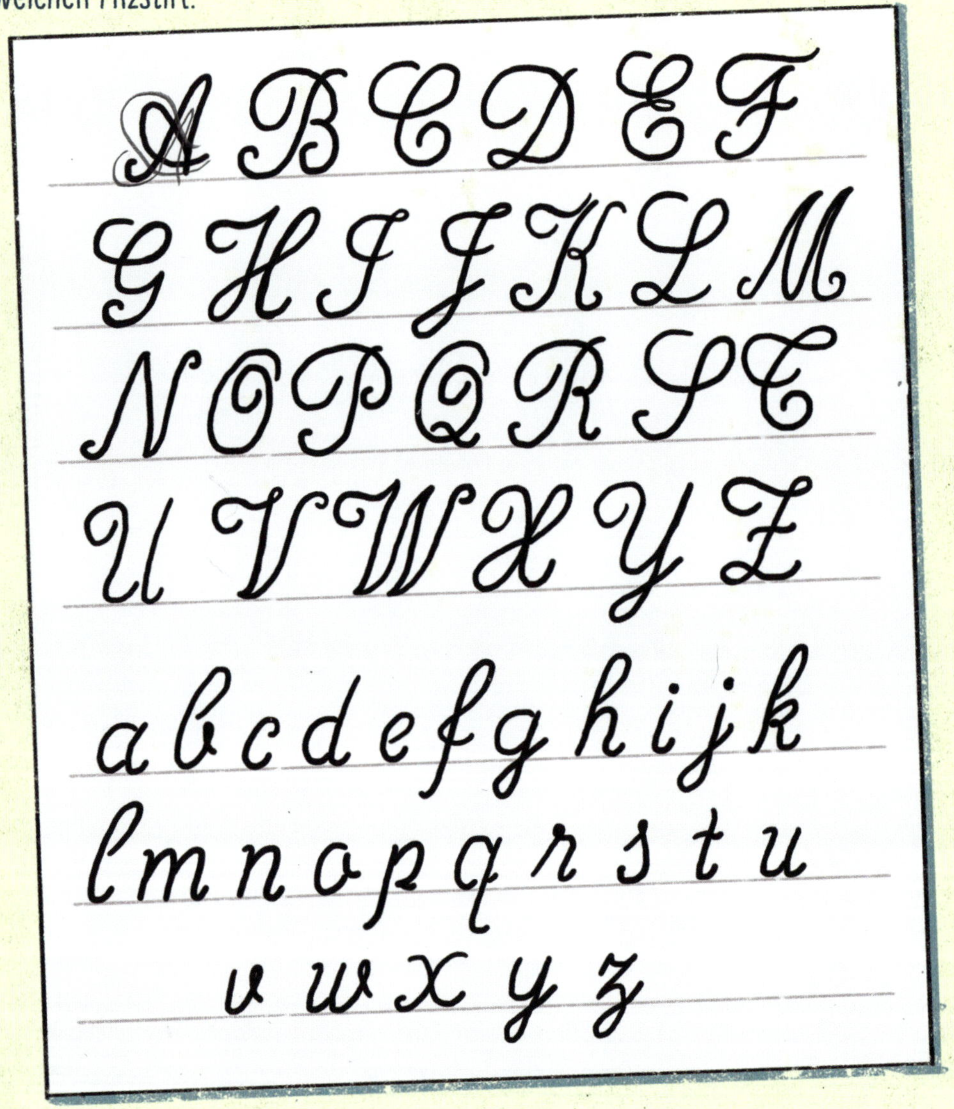

Katie Mia Silke
Charsten Xiaoxue
Tom Hui Hui Nils
Rinni Oma Opa Mum
Dad

This week Oma and Opa
uisited me. We went to
tow Museums: The
Naturial History and
The Horniman Museums

## 165. Lass ihn fliegen!

Einen Papierflieger muss jeder falten können. Als Profi brauchst du für die Herstellung des Klassikers weniger als eine Minute. Probier es aus!

Du benötigst nur ein DIN-A4-Blatt Papier.

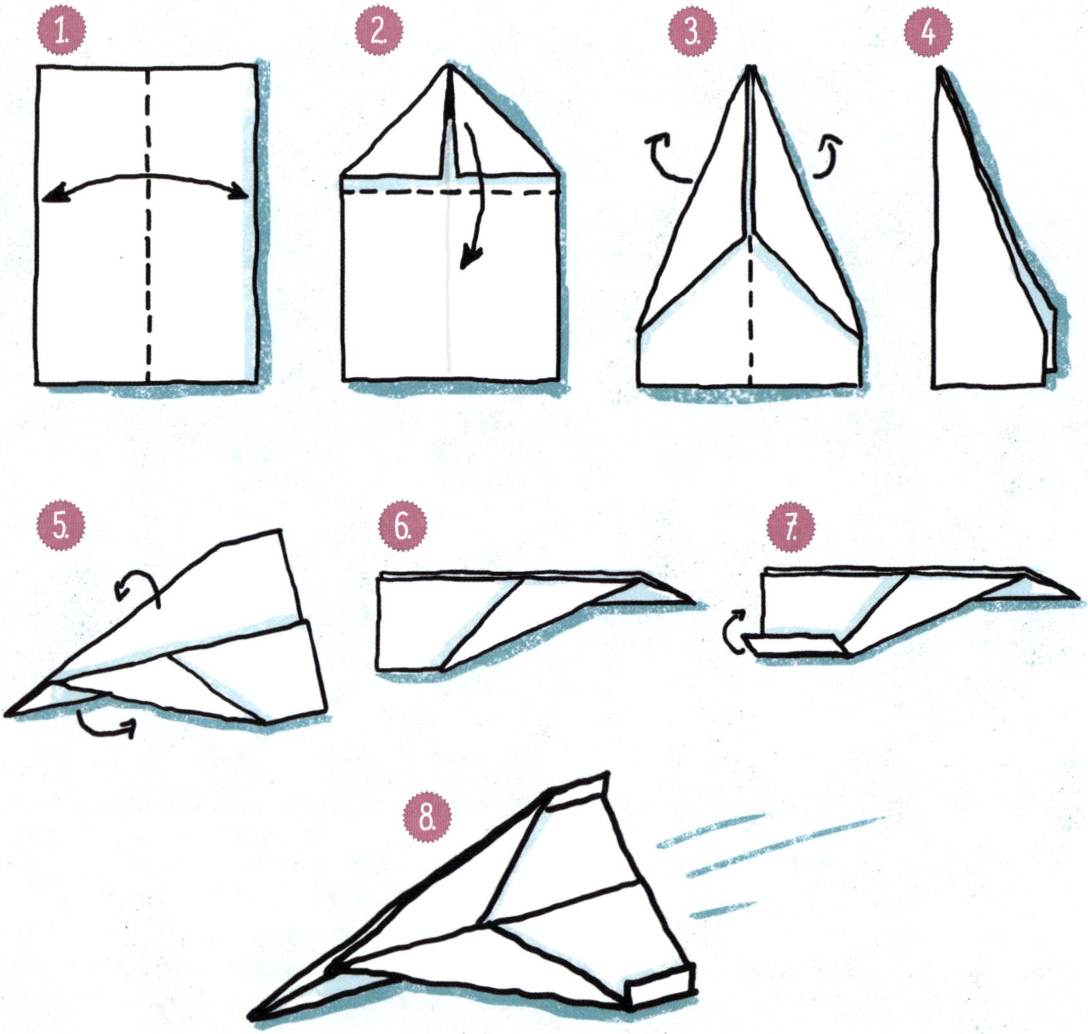

# 166. Die gute Fee

Heute ist dein Glückstag. Die gute Fee meint es echt gut mit dir.
Du hast 3 • 3 Wünsche frei:

Wünsche nur für mich:

1. ______________________
2. ______________________
3. ______________________

Wünsche für meine Lieben:

1. ______________________
2. ______________________
3. ______________________

Wünsche für die Welt:

1. ______________________
2. ______________________
3. ______________________

Manchmal hilft nur Feenstaub und Glitzer!

## 167. Nah dran

Schreibe die Namen der Menschen aus deinem Umfeld auf die Kreise.
Wer ist ganz nah an dir dran und wer ist weiter weg?

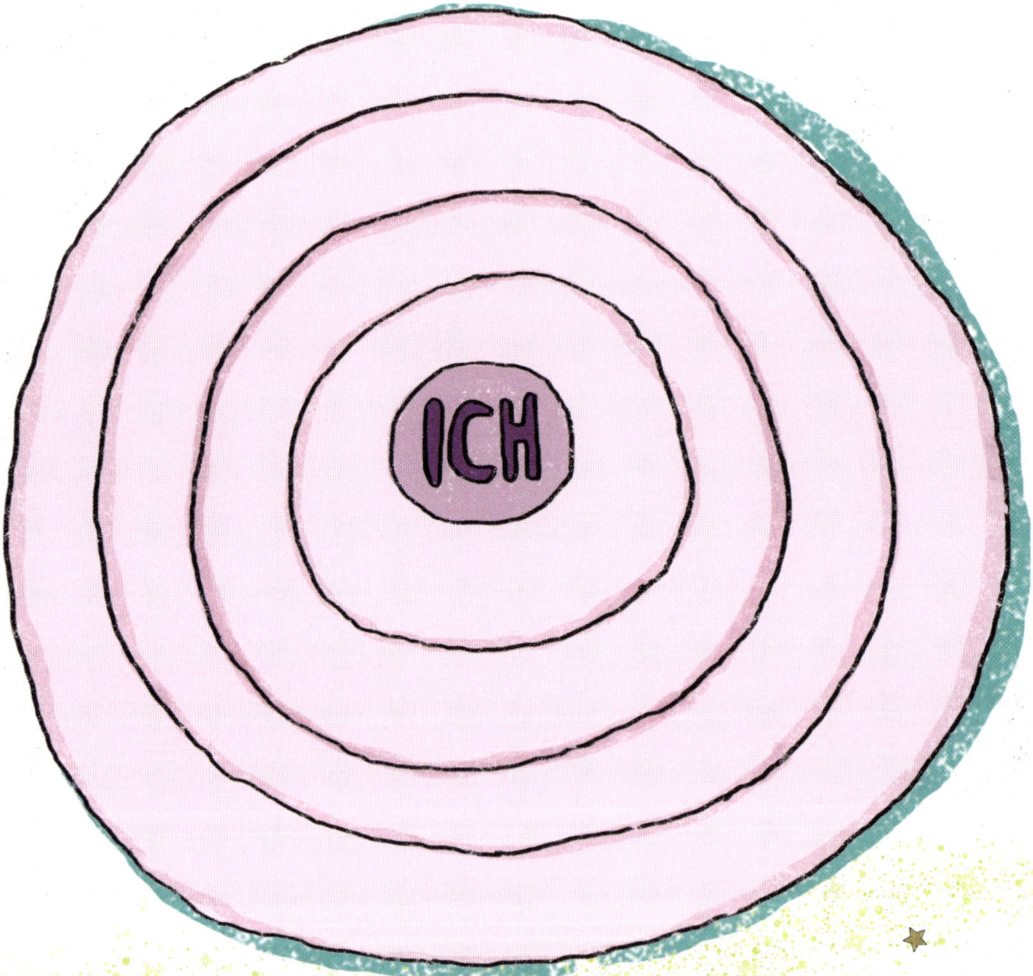


*Ich muss nicht im Mittelpunkt stehen, sitzen ist auch okay.*

# 168. Das Beste-Freundinnen-Abc

Angst besiegen

Beauty-Tutorials anschauen

Chihuahuas lieben

Dauerchatten

Ekel zusammen ertragen

Fußball schauen

Geschenke machen

Horoskope lesen

Intimes erzählen

Jungs ärgern

Kühlschrank plündern

Liebeskummer wegtrösten

Musik streamen

Nächtelang schwatzen

Outfits entwerfen

Partys planen

Quarkmasken auflegen

Rücken massieren

Spinnen hassen

Typen anhimmeln

Umzüge verkraften

Vertrauen haben

Witze erzählen

X-mal Probleme besprechen

Yoga üben

Zusammen sein

# 169. Best friend forever

Mach den Freundinnen-Test. Zähle alle Zahlen hinter deinen Antworten zusammen. Die Auswertung findest du auf der Seite 221.

1. Welche Eigenschaft ist dir an einer BFF am wichtigsten?
   - ◯ Fröhlichkeit (3)
   - ◯ Vertrauen (5)
   - ◯ Aussehen (2)

2. Können gute Freundinnen unterschiedliche Charaktere haben?
   - ◯ Auf keinen Fall (2)
   - ◯ Besser nicht (3)
   - ◯ Na klar (5)

3. Wie reagierst du, wenn sich deine BFF mit einem anderen Mädchen trifft.
   - ◯ Das ist nicht schön, aber ich muss da durch. (5)
   - ◯ Ich lass sie spüren, dass ich stinksauer bin. (2)
   - ◯ Ist okay, ich habe ja auch andere Freunde. (3)

4. Deine BFF und du seid beide in den gleichen Jungen verliebt. Und nun?
   - ◯ Keiner darf ihn kriegen. (3)
   - ◯ Der Junge entscheidet und wir machen das Beste daraus. (5)
   - ◯ Unsere Freundschaft geht daran kaputt. (2)

5. Dir gefällt der Style deiner BFF nicht. Was machst du?
   - ◯ Nichts, ich will nicht, dass sie mir böse ist. (2)
   - ◯ Das ist doch ihre Sache, was sie anzieht. (3)
   - ◯ Ich sage es ihr mit netten Worten. (5)

6. Deine BFF erzählt dir ein Geheimnis und will, dass du das für dich behältst. Was tust du?

- ◯ Selbstverständlich erzähle ich das keinem weiter. (3)
- ◯ Im Ernstfall berate ich mich mit einem Erwachsenen. (5)
- ◯ Ich kläre das erst mal mit einer anderen Freundin ab. (2)

7. Ihr wollt beide die Hauptrolle in einem Film spielen. Deine BFF bekommt die Rolle. Was passiert jetzt?

- ◯ Ich muss mich erst mal abregen, aber dann ist gut. (5)
- ◯ Ich freue mich für sie. (3)
- ◯ Ich rede kein Wort mehr mit ihr. (2)

8. Deine BFF schleimt sich immer bei den Lehrern ein. Ist das ein Problem für dich?

- ◯ Wäre mir nur peinlich, wenn die anderen das mitkriegen. (3)
- ◯ Oh ja, mir ist das peinlich. (5)
- ◯ Nein, ist doch lustig. (2)

9. Deine BFF bekommt wesentlich mehr Taschengeld als du. Stört dich das?

- ◯ Wenn sie mir was abgibt, nicht. (2)
- ◯ Solange sie das nicht ständig raushängen lässt, geht's. (5)
- ◯ Tierisch, weil ich mir vieles nicht leisten kann, was sie macht. (3)

10. Deine BFF liebt Schlager. Du stehst eher auf Pop und Rock. Ist das ein Problem für euch?

- ◯ Deshalb streiten wir ständig. (3)
- ◯ Darüber reden wir nie. (2)
- ◯ Mal hört sie mit mir die Pop-Charts und ich singe mit ihr die Ballermann-Hits. (5)

Deine Punkte:

1. ____________
2. ____________
3. ____________
4. ____________
5. ____________
6. ____________
7. ____________
8. ____________
9. ____________
10. ____________

= ____________

170.

# Wie niedlich!

Klein und süß, breit und stark oder lieber groß und haarig?
Welche Hunderasse gefällt dir am besten?

## 171. Wie im Zoo

Welches Tier spiegelt am besten die Eigenschaften deiner Familienmitglieder wider? Schreibe die Namen an die Tiere.

## 172. Dein schönster Tag

Schreibe auf diesen Seiten auf, wie du dir deinen perfekten Tag vorstellst. Beginne am Morgen: Wie lange schläfst du, was gibt es zum Frühstück? Wo fährst du hin oder wen triffst du?

Vielleicht lässt sich dein Traumtag ja sogar in die Tat umsetzen ...

Aufstehen, Krönchen liegen lassen, Haar zerzausen und das Leben rocken!

# 173. Lampenfieber und Prüfungsangst

Dein Auftritt im Theater steht bevor oder du sollst etwas vor der Klasse vortragen und der Angstschweiß bricht aus? Keine Panik, es gibt einige Tricks, wie du mit solchen Situationen besser klarkommst.

1. Schritt: Nimm die Angst hin. Du kannst Rumpelstilzchen spielen oder dich auf den Kopf stellen – das Lampenfieber bleibt.
2. Schritt: Bereite dich vor. Dein Referat kannst du zum Beispiel jemandem vortragen und dir Tipps und Lob abholen.
3. Schritt: Versuch dich zu entspannen. Mach eine Atemübung und iss eine Kleinigkeit oder trink etwas Wasser.
4. Ein humorvoller Einstieg in das Referat lockert die Stimmung auf. Bei einem schriftlichen Test beantworte zuerst die Fragen, wo du dir ganz sicher bist.
5. Hol dir von den Zuhörern ein Feedback. Lass die positiven Kommentare so richtig bei dir ankommen und versuch die Kritik beim nächsten Mal umzusetzen. Und hey, andere sollen es erst mal besser machen!

## 174. Gaaanz entspannt

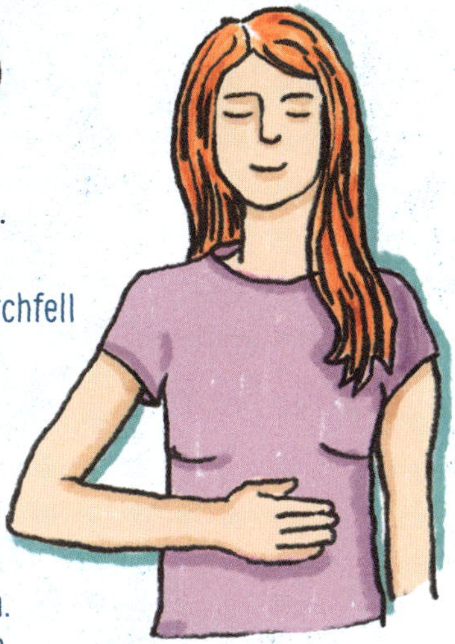

Diese Atemübung hilft dir locker und entspannt zu werden.

1. Leg die Hände auf das Zwerchfell unter der Brust. Das Zwerchfell ist ein ganz wichtiger Muskel, der die Brusthöhle von der Bauchhöhle trennt.
2. Atme jetzt mehrmals ein und aus und spüre, wie sich der Brustkorb und die Bauchdecke bewegen.
3. Atme nun ganz bewusst langsam die Luft durch die Nase ein. Merkst du an deiner Hand, wie sich die Bauchdecke anhebt?
4. Halte die Luft nun zwischen 8 und 10 Sekunden an.
5. Atme nun langsam wieder aus und spüre, wie sich die Bauchdecke wieder senkt.
6. Wiederhole die Übung einige Male, damit sie wirken kann. Konzentriere dich ganz auf dich und schalte alles andere aus.

## 175. Heute schon gelacht?

Schreibe auf, was hast du heute Lustiges erlebt hast:

# 176. Der muss sitzen!

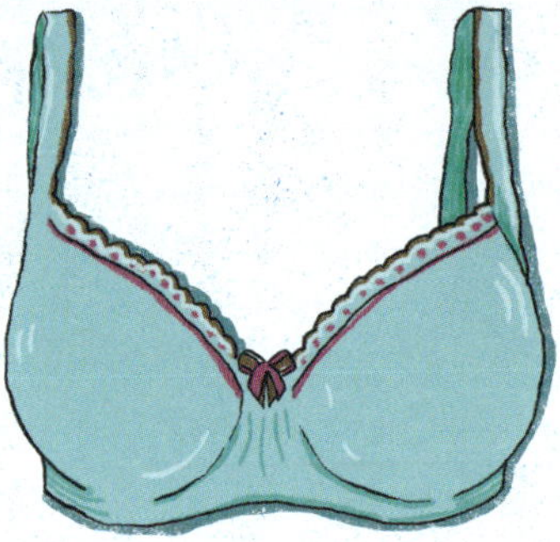

Diese drei Punkte zeichnen einen guten BH aus:

- ★ Er gibt Halt.
- ★ Er entlastet den Rücken.
- ★ Er gibt der Brust eine schöne Form.

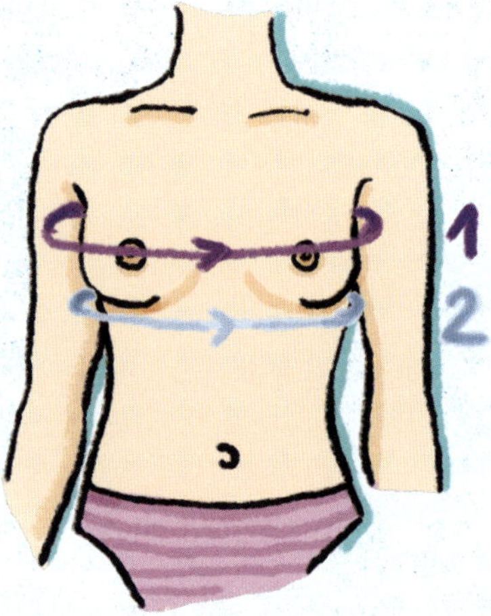


Der perfekte BH sollte nicht einengen, aber auch nicht zu groß sein. Du kannst deine richtige BH-Größe selbst ausmessen. Dafür benötigst du zwei Maße:

- ★ 1. Den Oberbrustumfang in cm = ________________
- ★ 2. Der Unterbrustumfang in cm = ________________

Zuerst rechnest du die BH-Weite aus. Benutze folgende Formel:

(Unterbrustumfang + 2,5) : 5 = Zahl vor dem Komma • 5 =

________________________________________________

Jetzt brauchst du noch deine Körbchengröße, auch Cup genannt.
(Oberbrustumfang – Unterbrustumfang – 11) : 2 =

________________________________________________

Das auf- oder abgerundete Ergebnis steht für die Stelle des Buchstabens im Alphabet, z.B. 1 = A oder 4 = D.

Welche BH-Größe hast du errechnet? __________

# 177. Zweiteiler

Sommer-Sonne-Bade-Zeit. Male deinen Lieblingsbikini.

Ich liebe den Sommer, es ist die schönste Woche des Jahres!

# 178. Das ist doch Müll!

Jeder Mensch sollte versuchen möglichst viel Müll zu vermeiden. Besonders Plastikprodukte belasten die Umwelt, weil Plastik im Gegensatz zu Papier oder Holz nicht so einfach verrottet. Wusstest du, dass eine weggeworfene Plastikflasche bis zu 450 Jahre braucht, um wieder von der Erde zu verschwinden?

**Hier ein paar Tipps für dich, wie du deine Umwelt schonst:**

- Spare Strom und lass keine Lampen unnötig lange brennen.
- Verzichte so gut es geht auf Plastik. Kaufe beim Shoppen keine Plastiktüten, achte im Supermarkt auf unverpacktes Gemüse, benutze kein Einweggeschirr und To-Go-Becher.
- Trenne den Müll.

**Müll trennt man in verschiedenen Behältern. So können Papier oder Verpackungen recycelt, also aufbereitet und wiederverwendet werden:**

Außerdem gibt es noch Altglascontainer, in denen man Haushaltsglas nach Farben sortiert. Auch daraus entstehen neue Glasverpackungen.

Schreibe an die Gegenstände den Buchstaben des Behälters auf, wo er als Müll landen sollte. Ob du den Müll richtig getrennt hast, erfährst du auf Seite 221.

# 179. Was Herzhaftes

Süße Muffins kennt jeder, aber manchmal muss man einfach mal in etwas Herzhaftes beißen.

**DIESE ZUTATEN BRAUCHST DU FÜR DIE KÖSTLICHEN KÄSE-SCHINKEN-MUFFINS (12 STÜCK):**

- 200 g Mehl
- 1 Packung Backpulver
- 60 g Butter
- 2 Eier
- 150 g Joghurt
- 150 g gewürfelter Kochschinken
- 5 Esslöffel geschnittener Schnittlauch
- 175 g geriebener Käse
- Salz, Pfeffer, etwas Muskat
- Muffinförmchen
- Zahnstocher oder Schaschlikspieß für die Stäbchenprobe

**TIPP**
Statt des Schinkens kann man auch getrocknete Tomaten, Oliven und Schafskäse nehmen.

**ZUBEREITUNG:**

Den Backofen auf 170 °C vorheizen.

1. Vermische Mehl, Backpulver, Gewürze, Kochschinken, Schnittlauch und 150 g Reibekäse miteinander.
2. Lass die Butter im Kochtopf oder in der Mikrowelle schmelzen.
3. Verrühre die Butter dann mit Eiern und Joghurt und menge es unter die Mehlmasse.
4. Fülle den Teig in die Förmchen und stelle sie in den Backofen.
5. Verteile nach 20 Minuten den restlichen Reibekäse auf den Muffins und backe sie noch mal 10 Minuten.
6. Mach die Stäbchenprobe. Die Muffins schmecken lauwarm am besten, aber man kann sie auch gut am nächsten Tag essen.

# 180. Fremde Küchen

Woher kommen eigentlich all die kulinarischen Leckerbissen?
Verbinde immer eine Spezialität mit dem Land, aus dem sie ursprünglich stammt, und kreise die ein, die du gern isst. Die Lösung findest du auf Seite 222.

| | |
|---|---|
| Belgien | Taboulé |
| China | Croissant |
| England | Döner |
| Frankreich | Fish and Chips |
| Griechenland | Hamburger |
| Italien | Köttbullar |
| Japan | Moussaka |
| Mexiko | Peking-Ente |
| Russland | Piroggen |
| Schweden | Pizza |
| Schweiz | Pommes frites |
| Syrien | Raclette |
| Türkei | Sushi |
| USA | Tortillas |

# 181. Augen zu!

Mach die Augen zu und male ohne zu Blinzeln eine Maus, ein Auto und eine Blume. Mal sehen, wie das Ergebnis aussieht ...

# 182. Gedächtnisübung

Wie lange brauchst du, um dieses Gedicht zu lernen?

## DER OHRWURM UND DIE TAUBE

Der Ohrwurm mochte die Taube nicht leiden.
Sie hasste den Ohrwurm ebenso.
Da trafen sich eines Tages die beiden
in einer Straßenbahn irgendwo.

Sie schüttelten sich erfreut die Hände
und lächelten liebenswürdig dabei
und sagten einander ganze Bände
von übertriebener Schmeichelei.

Doch beide wünschten sich im Stillen,
der andere möge zum Teufel gehen,
und da geschah es nach ihrem Willen,
so gab es beim Teufel ein Wiedersehn.

Joachim Ringelnatz 1883–1934

# 183. Blütenzauber auf dem Teller

Blumen sehen nicht nur in der Vase schön aus, auch einen Salat können Blüten schmücken und köstlich schmecken lassen. Dabei musst du nur einiges beachten:

- Nimm keine Blumen aus dem Blumenladen. Die sind in der Regel mit Unkrautmitteln behandelt worden und nicht zum Essen geeignet.
- Nicht alle Blüten sind essbar. Verwende nur die Blüten, die du ganz genau kennst. Wie bei Pilzen gibt es bei einigen Arten eine Verwechslungsgefahr.
- Schneide die Blüten ohne Stängel ab. Die sind oft bitter.
- Frisch gepflückte Blüten aus dem Garten sind besonders frisch.
- Sammle nur dort Blumen, wo keine Straße ist.
  Wasche sie gründlich unter fließendem Wasser ab.

**Diese Blüten kannst du für einen herzhaften Salat verwenden:**

KAPUZINERKRESSE

GÄNSEBLÜMCHEN

STIEFMÜTTERCHEN

RINGELBLUME

VEILCHEN

SCHLÜSSELBLUME

Versuch mal statt Kräuterbutter eine Kapuzinerkresse-Butter herzustellen. Sie sieht toll aus und schmeckt extrem lecker zu Grillfleisch oder -fisch oder einfach aufs Brot.

## ZUTATEN:

- Ein Stück Butter
- 10 Blüten der Kapuzinerkresse
- 5 Blätter der Kapuzinerkresse
- Salz
- Haushaltsfolie

## ZUBEREITUNG:

1. Nimm das Stück Butter aus dem Kühlschrank und lass es ca. eine Stunde weich werden.
2. Wasche die Blüten und Blätter gründlich und schneide beides getrennt klein.
3. Verrühre die Butter mit einem Schneebesen oder einer großen Gabel mit den Kresseblättern. Hebe die Blüten unter und schmecke alles mit Salz ab.
4. Feuchte die Hände mit Wasser an und rolle aus der Butter eine Wurst, wickle sie in Folie ein und lass sie im Kühlschrank hart werden. Deine Grillparty kann kommen!

TIPP
Du kannst auch die Kressebutter in Eisförmchen füllen. Dann hast du gleich schön aussehende Portionen.

Kapuzinerkresse hat gelbe, orange und rote Blüten und kräftig grüne Blätter. Male das Bild entsprechend aus.

# 184. Wutrakete

Male Raketen, beschrifte sie mit allem, was dich tierisch nervt, und schicke sie zum Mond.

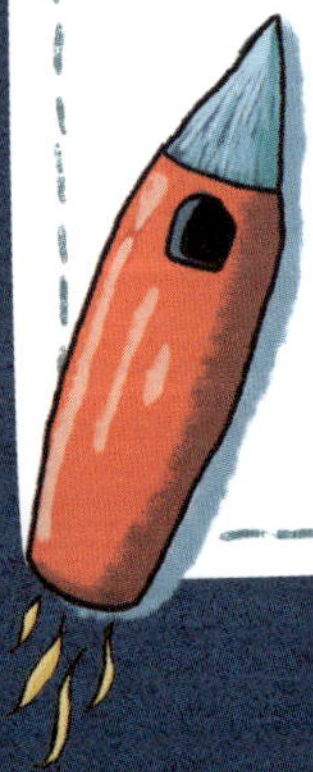

## 185. Freudentränen

Schreibe in die Tränen, worüber du heftig lachen musst oder worauf du dich freust.

*Man kann über fast alles lachen, nur nicht mit jedem.*

# 186. Zugedeckelt

Hast du auch eine große Sammlung von Tierfiguren, mit denen du nicht mehr spielst? Dann kannst du sie jetzt für schicke Aufbewahrungsgläser für deine Schreibtisch- und Bastelsachen verwenden.

## DU BRAUCHST:

- Saubere Marmeladen- oder Konservengläser mit Deckel in verschiedenen Größen
- Tierfiguren
- Bastel- oder Sekundenkleber
- Acryllack in verschiedenen Farben
- Pinsel

## SO EINFACH GEHT'S:

1. Schraube die Deckel ab und klebe die Tiere fest darauf.
2. Male die Deckel und die dazugehörigen Tiere jeweils in der gleichen Farbe an.
3. Wenn alles getrocknet ist, fülle die Gläser mit deinem Kram und fertig ist dein neues und einzigartiges Ordnungssystem.

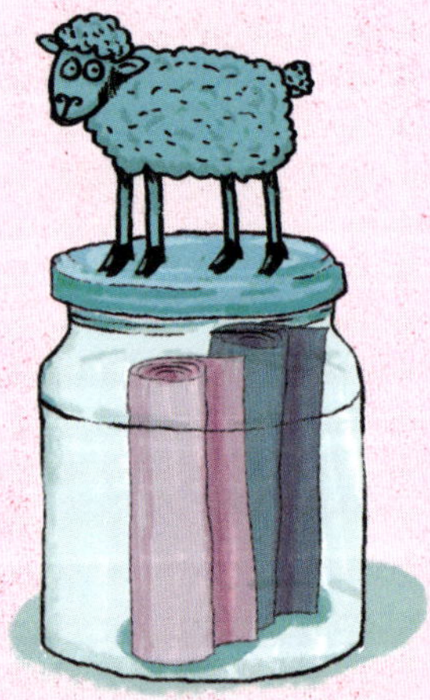

**DIY-TIPP**
Die Tiergläser kannst du auch mit Bonbons, Gutscheinen und anderen Sachen füllen und verschenken.

# 187. Spaßmacher oder Freizeitkiller

Es ist Wochenende und die Eltern wollen etwas gemeinsam mit dir unternehmen. Welche Familienaktivität ist für dich ein Horrortrip und welche ein Freudenfeuerwerk? Kreuze nur das an, worauf du dich freust.

- ○ Bauernhof
- ○ Hafen
- ○ Inlinerfahren
- ○ Bergwanderung
- ○ Kunstgalerie
- ○ Botanischer Garten
- ○ Kirchenbesuch
- ○ Freizeitpark
- ○ Burg
- ○ Eisessen
- ○ Naturkundemuseum
- ○ Gokartbahn
- ○ Radfahren
- ○ Pferderennbahn

# 188. Fotosession

Lade dir heute ein paar Freunde ein, verkleidet euch und macht Fotos. Anschließend druckt die besten Fotos aus und macht eine Collage daraus, die abwechselnd immer eine Woche bei jedem hängen darf.

# 189. Klugscheißerwissen

Wenn dir dein Lehrer das nächste Mal eine Frage stellt, die du nicht beantworten kannst, dann sage: „Die Frage kann ich nicht beantworten, aber wussten Sie, dass …?"

- … Zuckerwatte von einem Zahnarzt erfunden wurde?
- … das Wappentier von Schottland ein Einhorn ist?
- … Löcherkraken-Weibchen fünf Kilo wiegen, Männchen nur ein Viertelgramm?
- … der französische Philosoph René Descartes schielende Frauen total toll fand?
- … nur 25 Schrauben den VW-Käfer von 1960 zusammengehalten haben?
- … beim Tyrannosaurus Rex die Nasennebenhöhlen größer als das Gehirn waren?
- … Alexander der Große nur 1,50 Meter groß war?
- … man 150 Kalorien pro Stunde beim Kopf-an-die-Wand-Schlagen verbraucht?
- … sich auf Mensch kein anderes deutsches Wort reimt?
- … Haribo der Name für den Firmengründer Hans Riegel aus Bonn ist?
- … männliche Affen Glatzen bekommen können?

- … das Herz eines Blauwals ungefähr so viel wiegt wie ein Kleinwagen (ca. 600 Kilogramm)?
- … ein Vulkan als aktiv gilt, wenn er in den letzten 10.000 Jahren einmal ausgebrochen ist?
- … der Gewöhnliche Krake mit einem einzigen Schwimmstoß 250 Meter zurücklegen kann?
- … es eine Schande ist, dass die deutsche Frauen-Fußball-Nationalmannschaft für ihren Sieg bei der EM 1989 nur ein Kaffeeservice erhielt?
- … der Nagel am Mittelfinger am schnellsten wächst, der am kleinen Finger am langsamsten?
- … in Schweden Mutter Mor, Großmutter Mormor und Urgroßmutter Gammelmormor heißt?
- … der Mensch mit mehr als 300 Knochen und Knorpeln zur Welt kommt, als Erwachsener aber nur noch über rund 210 Knochen verfügt?
- … das Wort Gymnasium sich vom griechischen Wort Gymnasion herleitet, das übersetzt „Der Ort, an dem man nackt ist" heißt?
- … Schokolade dreimal so viel Eisen enthält wie Spinat?
- … Nomophobie die Angst ist, keinen Mobilfunkkontakt zu haben?
- … man, um verärgert zu schauen, 42 Gesichtsmuskeln benötigt, um zu lächeln nur 17?

# 190. Winterfütterung

Wildtiere, die keinen Winterschlaf machen, müssen sich bei Schnee und Kälte Futter suchen. In einem milden Winter braucht man den Tieren keine zusätzliche Nahrung hinzustellen, weil sie selbst genug finden. Ist es jedoch frostig kalt, ist es sinnvoll, ihnen geeignetes Futter an festen Plätzen bereitzustellen.

- Eichhörnchen machen nur Winterruhe. Im Herbst beginnt das Verstecken ihrer Wintervorräte. In langen, kalten Wintern freuen sie sich jedoch zusätzlich über ungesalzene Erdnüsse oder Sonnenblumenkerne.

- Das Füttern der Vögel kann sehr sinnvoll sein. In einer Frostnacht kann ein kleiner Vogel 1/5 seines Gewichts verlieren. Am nächsten Tag braucht er dann dringend neues Futter.
  Welches das richtige ist, hängt von der Beschaffenheit des Schnabels ab:
  Meisen, Finken und Sperlinge gehören zu den Körnerfressern, die mit ihren kräftigen Schnäbeln Kerne aller Art oder auch Haferflocken knacken können.
  Rotkehlchen, Zaunkönige oder Stare sind mit ihren zarten Schnäbeln Weichfresser und picken gern Rosinen, Apfelstückchen oder andere getrocknete Beeren.

- Rehe und Hirsche verringern im Winter ihren Herzschlag fast um die Hälfte, um Energie zu sparen. Deshalb stehen sie oft vollkommen unbeweglich im Wald. Ist die Schneedecke über längere Zeit geschlossen, sodass die Tiere nicht mehr an das Futter kommen, sorgen die Förster mit Heukrippen für Abhilfe.

## 191. Absolut faul

Du bist heute so faul, dass du den Weg von deinem Bett zum Klo erst suchen musst. Die Lösung findest du auf Seite 222.

# 192. In Einzelteilen gratuliert

Hast du schon mal ein Puzzle selbst gebastelt und verschenkt?

**DU BRAUCHST:**

- DIN-A5-Foto oder Schmuckpapier
- Festes Papier oder Bastelkarton
- Klebstoff
- Kleine (Nagel-)schere
- Stift

**PUZZLE-BASTELANLEITUNG:**

1. Drucke dafür ein DIN-A5-Foto oder schneide schönes Papier aus und klebe es auf Pappe.
2. Kopiere die Vorlage auf der nächsten Seite, schneide sie aus und klebe sie auf die Rückseite deines Motivs.
3. Schneide nun sauber die einzelnen Puzzleteile aus, das geht am einfachsten mit einer kleinen Nagelschere.
4. Leg die Teile in einen schönen Briefumschlag, den du mit deinen Grüßen und Wünschen beschriften kannst.

**DIY-TIPP**
So einfach bastelst du dir selbst einen Umschlag. Du brauchst dafür nur schönes, quadratisches Papier:

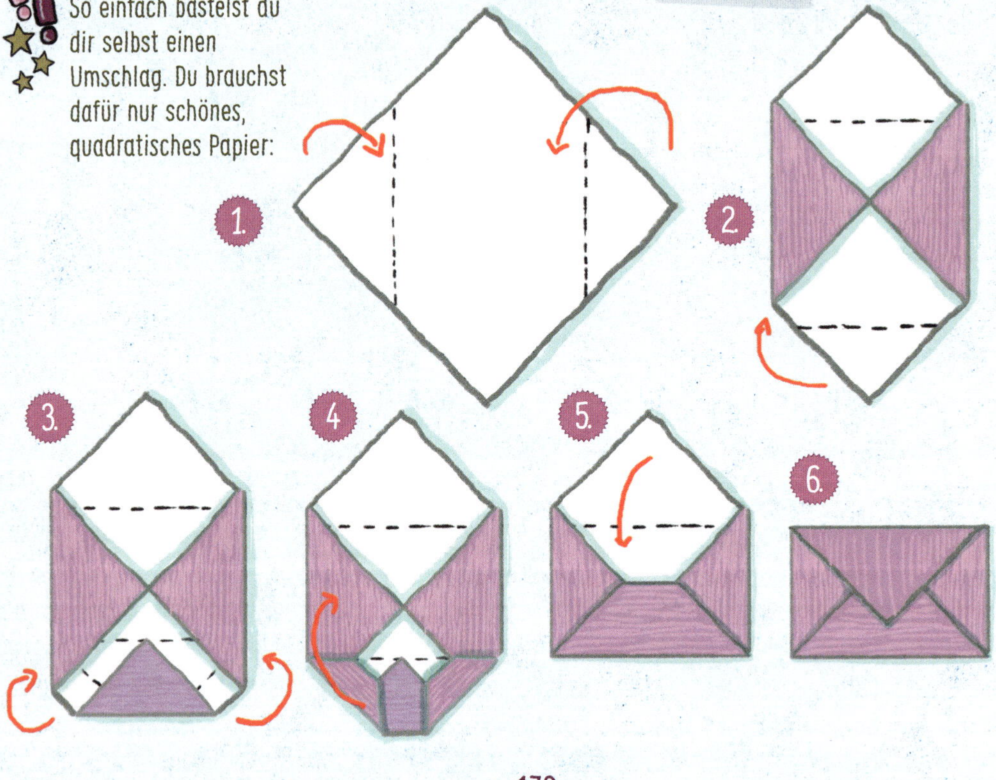

# 193. Himmlisch teuflisch oder höllisch engelhaft?

In jedem Menschen stecken Eigenschaften von Engel und Teufel – auch in dir. Sonst wäre man eine ganz langweilige Persönlichkeit. Welche Begriffe treffen auf dich zu und machen dich zu einem interessanten Charakter? Kreise ein.

| | | | |
|---|---|---|---|
| ★ hilfsbereit | egoistisch | ★ harmoniesüchtig | streitlustig |
| ★ verschwiegen | schwatzhaft | ★ vertrauensvoll | misstrauisch |
| ★ zuverlässig | unzuverlässig | ★ unsicher | sicher |
| ★ pünktlich | unpünktlich | ★ treu | untreu |
| ★ ehrgeizig | faul | ★ ruhig | unruhig |
| ★ verteidigend | angreifend | ★ ordentlich | chaotisch |
| ★ schüchtern | draufgängerisch | ★ leise | laut |

# 194. Küsschen, Küsschen

Auf der Welt gibt es ganz verschiedene Formen, sich zu begrüßen. Die Maori aus Neuseeland stecken zum Beispiel ihre Köpfe zusammen und stehen dann Stirn an Stirn. Würdest du so deine Verwandten begrüßen wollen? Welche Begrüßungen kannst du dir vorstellen und was geht gar nicht?

- ★ Küsschen links, Küsschen rechts
- ★ Kuss auf den Mund
- ★ Umarmung
- ★ Kleiner Applaus
- ★ Handschlag
- ★ Verbeugung
- ★ Handkuss
- ★ Zunge rausstrecken (kein Witz!)

# 195. Zungenbrecher

Versuch die Zungenbrecher mehrmals hintereinander ohne Fehler zu sprechen:

1. Auf den sieben Robbenklippen sitzen sieben Robbensippen, die sich in die Rippen stippen, bis sie von den Klippen kippen.

2. Brautkleid bleibt Brautkleid und Blaukraut bleibt Blaukraut.

3. Weiße Borsten bürsten besser als schwarze Borsten bürsten. Bürsten mit harten Borsten bürsten besonders sauber. Die Bürsten mit schwarzen Borsten bürsten besser als die Bürsten mit blauen Borsten bürsten.

4. Der dünne Diener trägt die dicke Dame durch den dicken Dreck. Da dankt die dicke Dame dem dünnen Diener, dass der dünne Diener die dicke Dame durch den dicken Dreck getragen hat.

5. Fischer, die als Floßfahrer auf Flussflößen auf Floßflüssen fahren, sind fischende Floßflussfloßfahrer.

6. Klitzekleine Kinder können keinen Kirschkern knacken!

7. Mariechen sagt zu Mariechen, lass mich ma' riechen, Mariechen! Da ließ Mariechen Mariechen ma' riechen.

8. Schnecken erschrecken, wenn sie an Schnecken schlecken, weil zum Schrecken vieler Schnecken Schnecken nicht schmecken.

9. Wenn um Rumkugeln Rumkugeln herumkugeln, kugeln um Rumkugeln Rumkugeln herum.

10. Zehn Ziegen ziehen zehn Zentner Zement zum Zahnarzt zum Zementieren zerbrochener Zähne.

# 196. Promi-Quiz

Kennst du dich in der Welt der Promis gut aus? Dann wird die Beantwortung des Quiz dir keine Schwierigkeiten machen.
Die Lösungen findest du auf der Seite 222.

1. In welchem Film spielt kein Kindermädchen eine Hauptrolle?
   - a. Charly und die Schokoladenfabrik
   - b. Die Nanny
   - c. Mary Poppins

2. Wer spielte in der Verfilmung von „Die Schöne und das Biest" von 2017 die Belle?
   - a. Vanessa Hudgens
   - b. Emma Watson
   - c. Mylie Cyrus

3. Wer ist die on/off-Freundin von Justin Bieber?
   - a. Selena Gomez
   - b. Taylor Swift
   - c. Blake Lively

4. Wo ist Rihanna geboren?
   - a. in Südafrika
   - b. in Norwegen
   - c. auf Barbados

5. Wer hat in der deutschen Fassung von „Ice Age" das Riesenfaultier Sid gesprochen?
   - a. Herrmann
   - b. Walther
   - c. Otto

6. Wie heißt die Rolle von Jonny Depp in „Fluch der Karibik"?

- a. John Speck
- b. Jo Spinner
- c. Jack Sparrow

7. In welchem Jahr sind die Webvideo-Star-Zwillinge Lisa und Lena geboren?

- a. 2002
- b. 1998
- c. 1992

8. Wie heißt das Kind der beiden DSDS-Stars Sarah und Pietro Lombardi?

- a. Alessio
- b. Stefano
- c. Maria

9. Wie heißen die beiden berühmten Modelschwestern Hadid mit Vornamen?

- a. Kim und Kendall
- b. Bella und Gigi
- c. Hanni und Nanni

10. Wie heißt die deutsche Band, die mit den Songs „Millionen Farben" und „Wohin willst du" ihren Durchbruch hatte?

- a. Gechillt und CooL
- b. Gestört aber GeiL
- c. Anstandslos & Durchgeknallt

197.

# Geduldsprobe

Übe dich in Geduld, indem du die ganze Seite Achterschleifen malst.
Schöööön langsam!

# 198. Knackig, würzig, lecker

Mach dir deine Knusperchips für deinen nächsten Fernsehabend doch einfach mal selbst! Der Vorteil ist, dass du so den Fettgehalt kontrollieren und selbst entscheiden kannst, welche Gewürze du dazu gibst. Und neben Kartoffeln sind auch andere Gemüsesorten superlecker!

## ZUTATEN FÜR BUNTE GEMÜSECHIPS:

- 2 Karotten
- 2 kleine Knollen rote Beete
- 2 Süßkartoffeln
- 4 Kartoffeln
- 8 Esslöffel Olivenöl
- Salz, Pfeffer
- Getrocknete Gewürze, zum Beispiel Rosmarin, Paprika, Curry oder Oregano

**TIPP**
In den letzten 10 Minuten aufpassen, dass die Chips nicht verbrennen – das geht schnell.

## ZUBEREITUNG:

Heize den Backofen auf 140 °C Umluft vor.

1. Schäle das Gemüse und schneide es mit einem Hobel in dünne Scheiben. Am besten schnippelst du mit jemandem zusammen, dann geht's schneller. Übrigens: Je dünner die Scheiben sind, umso knuspriger werden die Chips.
2. Gib die Gewürze, Salz und Pfeffer mit dem Olivenöl in eine Schüssel.
3. Vermenge die Gemüsescheiben mit dem Würzöl und verteile sie anschließend auf ein mit Backpapier ausgelegtes Backblech. Die Scheiben sollten nicht übereinander liegen, damit sie kross werden.
4. 45–50 Minuten backen und zwischendurch den Ofen immer mal wieder öffnen, damit der Wasserdampf entweichen kann und die Chips knuspriger werden.

# 199. Ausgetrickst

Optische Täuschungen tricksen deinen Sehsinn aus. Die Gründe, dass man Dinge anders sieht als in der Realität, sind komplizierte Prozesse im Gehirn und sehr schwer zu erklären. Aber es ist faszinierend, einmal selbst so eine Täuschung wahrzunehmen. Probier's aus!

1. Schau dir das Gitter einmal genau an.
Siehst du noch etwas anderes als schwarze Rechtecke?

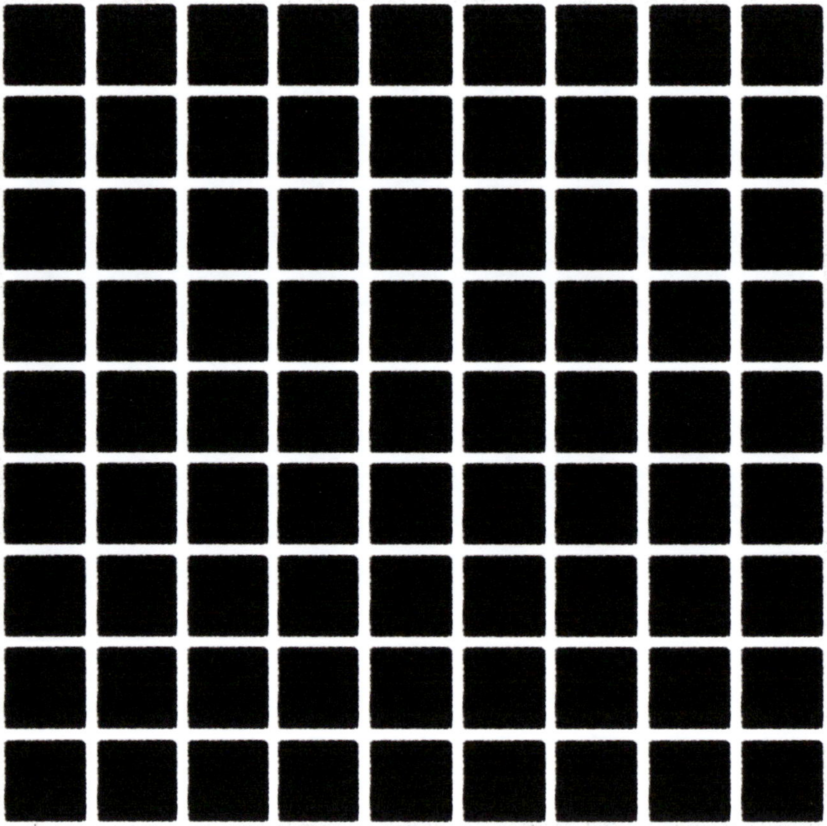

Auf jeder Kreuzung siehst du kurz einen verschwommenen, schwarzen Fleck, nur in der Mitte der Blickrichtung nicht. In Wirklichkeit sind diese Flecken nicht vorhanden.

2. Welcher der beiden roten Kreise ist größer?

Der rote Kreis, der von den kleinen grünen Kreisen umgeben ist, erscheint größer, obwohl beide Kreise gleich groß sind.

3. Schau dir die Wörter an und sag nur die Farben laut auf, in denen sie geschrieben sind. Gelingt dir das zügig?

| | | | |
|---|---|---|---|
| BUCH | TELEFON | BRILLE | STIFT |
| ROCK | HAARE | AUTO | BAUM |
| TEICH | FISCH | HANDBALL | ROSE |
| LÖWE | HANDY | FLASCHE | WASSER |
| BISON | WALD | SCHWEIN | LINIE |
| KREIS | DEUTSCH | RASEN | ZAUN |
| ANTENNE | LANGSAM | BACH | WUT |

Im Normalfall liest man ganz automatisch die Wörter vor und es fällt schwer, nur die Wortfarben zu nennen. Das Gehirn mag sich so schnell nicht umgewöhnen, man kann es aber natürlich trainieren.

## 200. Lippensport

Küssen ist schön und sehr gesund. Ungefähr 30 Gesichtsmuskeln sind dabei im Einsatz. Das Herz schlägt wie beim Sport und man verbraucht sogar ein paar Kalorien – ganze 12, wenn man drei Minuten hintereinander knutscht. Doch das Allerwichtigste sind die Glückshormone, die beim Küssen freigesetzt werden …

**Als Anfängerin solltest du Folgendes beachten:**

1. Schlechter Atem ist der Horror. Benutze Pfefferminzbonbons oder Kaugummi.
2. Brille rauf oder runter musst du entscheiden. Ob sie stört, merkst du schnell.
3. Feste Zahnspangen sind kein Problem. Lose Klammern solltest du hingegen vorher diskret rausnehmen.
4. Zu stark geschminkte Lippen turnen die meisten Jungs eher ab.
5. Das größte Anfängerproblem ist zu viel Spucke. Da hilft nur üben. Übrigens: Bei den wenigsten klappt es gleich perfekt, meistens braucht es etwas Zeit, bis man sich aufeinander eingestellt hat.

## 201. Kussmund

Schmink dir die Lippen dick mit Lippenstift und verewige deinen Kussmund auf diesem Blatt.

*Ein Kuss ist die schönste Art, gemeinsam den Mund zu halten.*

## 202. Mein bester Freund

Es ist toll, wenn du nicht nur Freundinnen, sondern auch Jungs in deinem nahen Umfeld hast. Den ehrlichen Rat eines Jungen zu bekommen ist oft Gold wert. Viele Jungs können auch Geheimnisse prima für sich behalten. Die Lösungen von Problemen gehen sie oftmals pragmatischer und unaufgeregter als Mädchen an. Das kann dabei helfen, einen klaren Kopf zu behalten.

Wie heißen deine männlichen Freunde?

1. ____________________
2. ____________________
3. ____________________
4. ____________________
5. ____________________

Was findest du gut an Jungen und was nervt dich?

1. ____________________
2. ____________________
3. ____________________
4. ____________________
5. ____________________

## 203. Mäh!

Damit du gut einschlafen kannst, male die ganze Seite voll mit Schafen.

# 204. Am Lagerfeuer

Ein knisterndes Lagerfeuer ist romantisch und du und deine Freunde können über den Flammen Marshmallows, Stockbrot oder Würstchen grillen. Ein gutes Lagerfeuer anzuzünden ist allerdings gar nicht so leicht.

**Hier die wichtigsten Tipps für dich:**

- ★ Zuerst muss eine geeignete Feuerstelle gefunden werden, am besten eignet sich ein Untergrund aus Sand oder Erde.
- ★ Such dann trockenes Holz, das beim Brechen richtig kracht. Das liegt meist im Wald am Boden.
- ★ Zum Anzünden brauchst du Tannenreisig, trockenes Moos, Baumrinde oder etwas zerknülltes Papier und am besten lange Streichhölzer.
- ★ Damit sich das Feuer nicht ausbreiten kann, legst du um die Feuerstätte Steine oder häufst einen niedrigen Erdwall an.
- ★ Eine geeignete Form, das Holz zu stapeln, ist das Pyramidenfeuer. In der Mitte kommen Tannenreisig und Papier, drum herum stellst du Äste in Pyramidenform auf. Lass eine kleine Öffnung zum Anzünden des Feuers.
- ★ Du darfst das Feuer nie ohne Aufsicht lassen.
- ★ Halte immer genügend Abstand zum Feuer wegen des Funkenflugs.
- ★ Lösche zum Schluss das Feuer mit ausreichend Wasser. Achtung: Wenn es noch glüht, kann es jederzeit neu entfacht werden.

# 205. Das Berufe-Abc

Schreibe zu jedem Buchstaben einen Beruf auf.

A ____________________

B ____________________

C ____________________

D ____________________

E ____________________

F ____________________

G ____________________

H ____________________

I ____________________

J ____________________

K ____________________

L ____________________

M ____________________

N ____________________

O ____________________

P ____________________

Q ____________________

R ____________________

S ____________________

T ____________________

U ____________________

V ____________________

W ____________________

X ____________________

Y ____________________

Z ____________________

Was möchtest du später einmal arbeiten? ____________________

# 206. Ferienplanung?

Plane deine nächsten Ferien.

Was hast du vor?

1. ______
2. ______
3. ______
4. ______
5. ______
6. ______
7. ______
8. ______
9. ______
10. ______

Was wolltest du schon immer mal sehen? Welche Länder, Städte oder Freizeitparks willst du mal entdecken?

1. ______
2. ______
3. ______
4. ______
5. ______
6. ______
7. ______
8. ______
9. ______
10. ______

Was kommt auf einer Tagestour in deinen Rucksack oder in deine Handtasche?

1. ______
2. ______
3. ______
4. ______
5. ______
6. ______
7. ______
8. ______
9. ______
10. ______

# 207. Wachs-Orakel

Schon im alten Rom nutzte man an Silvester das Bleigießen, um das nächste Jahr vorauszusagen. Aber wer sagt, dass man Vorhersagen für die Zukunft nur an Silvester gebrauchen kann? Dieses Wachs-Orakel kannst du das ganze Jahr einsetzen.

1. Stelle zuerst die Wachswürfel her.

**DAFÜR BRAUCHST DU:**

- Wachs, zum Beispiel von Kerzenresten
- Kochtopf
- Kleineres Metallgefäß, zum Beispiel eine leere Konservendose
- Ein Eiswürfelbehälter als Gussform

**SO GEHT'S:**

1. Erhitze Wasser im Topf und packe die Kerzenreste in die Dose.
2. Stelle die Dose in das heiße Wasserbad. Die Kerzenreste werden nach einigen Minuten schmelzen.
3. Gieß das flüssige Wachs in den Eiswürfelbehälter und lass alles erkalten.
4. Stürze die festen Wachswürfel aus der Form.

## 2 Jetzt geht's ans Orakeln!

Schnapp dir dafür einen Löffel, bereite eine Schüssel mit kaltem Wasser vor und zünde eine Kerze an. Leg einen Wachswürfel auf den Löffel und erhitze ihn über einer Kerze. Das dauert! Sobald das Wachs geschmolzen ist, lass es schnell in eine Schüssel mit kaltem Wasser gleiten. Das Wachs erstarrt - welche Form kannst du erkennen?

AFFE – Hektik in deinem Leben

ANGEL – großes Glück

BLUME – neue Frisur

BRILLE – gute Zensuren

ENGEL – ein besonderer Schutzengel

FLASCHE – neue Kraft

GABEL – neue Freundschaften

GLAS – Wunscherfüllung

GLOCKE – Geldsegen

HAMMER – Fitnesserfolge

HERZ – neue Liebe

HUT – magische Kräfte

KOFFER – Umzug

LÖWE – Streitlust

MESSER - Trennung

MÜNZE – Reichtum

PALME – Wunscherfüllung

SCHIFF – eine Reise

SCHLANGE – Neider sind in der Nähe

SCHLÜSSEL – ein Geheimnis wird gelüftet

SCHUH – viele Shoppingtouren

SPINNE – kurzzeitiger Kummer

VOGEL – Erfolg in der Schule

WÜRFEL – Gewinnertyp

ZWEIG – vorübergehender Misserfolg

# 208. Stimmungsbarometer

Es gibt einfach Momente, an denen will man nicht von seinen Eltern gestört und von Geschwistern genervt werden. Oder man braucht eben doch eine Umarmung, ohne dass man groß reden will. Das kennst du sicherlich auch. Das Problem ist nur, dass die Familie nicht riechen kann, wie es dir gerade geht.

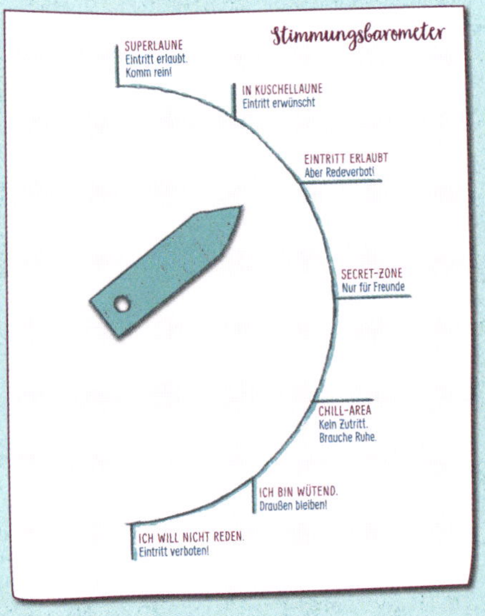


Bastle dir ein Stimmungsbarometer für deine Zimmertür, an dem deine Familie gleich erkennen kann, wann es besser ist, dich mal zufriedenzulassen.

**DU BRAUCHST:**

- Stabile Pappe
- Schere
- Locher
- Verschlussklammer
- Faden zum Aufhängen

**ANLEITUNG:**

1. Kopiere die Vorlage auf der rechten Seite und schneide das Barometer und den Pfeil aus.
2. Klebe das Barometer auf eine Pappe und loche es oben. Das Loch ist als Aufhängung gedacht.
3. Klebe nun auch den Pfeil auf Pappe und schneide die Form aus.
4. Mach an den Lochmarkierungen auf dem Barometer und dem Pfeil mit einer spitzen Schere ein Loch und verbinde beide Teile nicht zu fest mit einer Verschlussklammer – der Pfeil muss sich noch bewegen können.

# Stimmungsbarometer

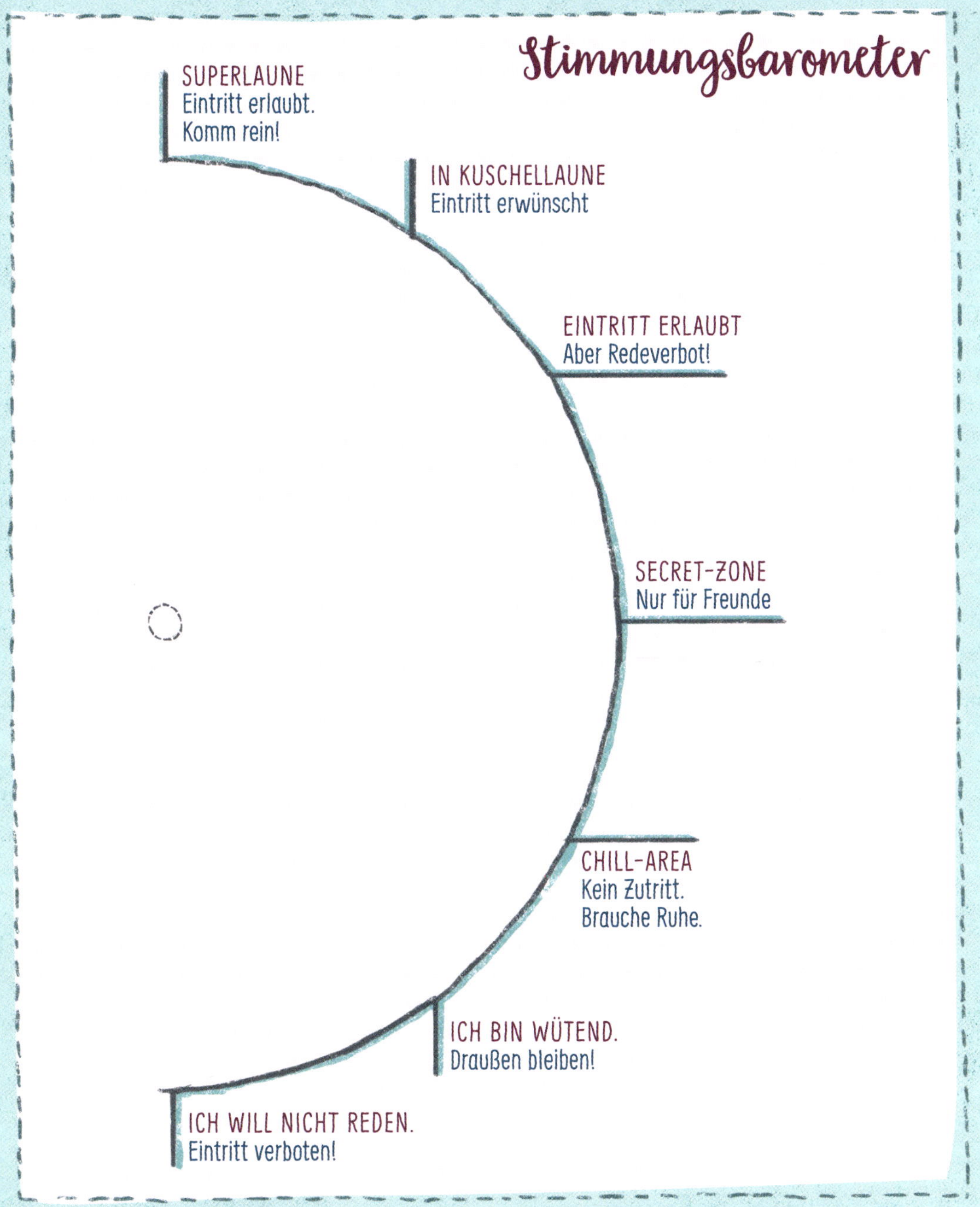

# 209. Zeit für andere

Vielen Menschen macht es Spaß, sich für andere zu engagieren. Im Unterschied zu einem Schülerjob ist eine ehrenamtliche Tätigkeit immer ohne Bezahlung. Doch der Lohn für dein Engagement ist die Dankbarkeit derer, denen du hilfst. Du wirst sehen, wie glücklich es dich machen kann, wie eine gute Fee anderen eine Freude zu machen und Glitzer zu verbreiten!

**Du kannst ganz privat helfen, zum Beispiel**

- ★ alten Menschen in der Nachbarschaft Gesellschaft leisten
- ★ im Haushalt hilfsbedürftiger Menschen kleine Arbeiten tun
- ★ mit Hunden Gassi gehen
- ★ Kindern Nachhilfe geben

**Natürlich kannst du dich auch Vereinen oder Organisationen anschließen:**

- ★ Hilfe für Obdachlose und sozial schwache Menschen
- ★ Die Tafel e.V.
- ★ Das Rote Kreuz
- ★ Die Caritas
- ★ Flüchtlingsinitiativen in deiner Region

**Auch beim Tier- und Umweltschutz kannst du etwas Passendes finden:**

- ★ Zoo, Tiergarten oder Wildpark
- ★ Tierheime
- ★ World Wide Fund For Nature (WWF)
- ★ Bund für Umwelt- und Naturschutz Deutschland (BUND)

**Du hast Spaß an der Arbeit mit Kindern? Dann wirst du hier fündig:**

- ★ Sportvereine
- ★ Pfadfinder
- ★ Kirchengemeinden

EHRENAMT = ZEIT + ENGAGEMENT + AKTIVITÄT + MITEINANDER

# 210. Wohnungs-Alphabet

Schreibe zu jedem Buchstaben einen Begriff aus eurer Wohnung oder eurem Haus, zum Beispiel Möbel, Deko- oder Haushaltsgegenstände.

A ____________________

B ____________________

C ____________________

D ____________________

E ____________________

F ____________________

G ____________________

H ____________________

I ____________________

J ____________________

K ____________________

L ____________________

M ____________________

N ____________________

O ____________________

P ____________________

Q ____________________

R ____________________

S ____________________

T ____________________

U ____________________

V ____________________

W ____________________

X ____________________

Y ____________________

Z ____________________

## 211. Auf Zehenspitzen

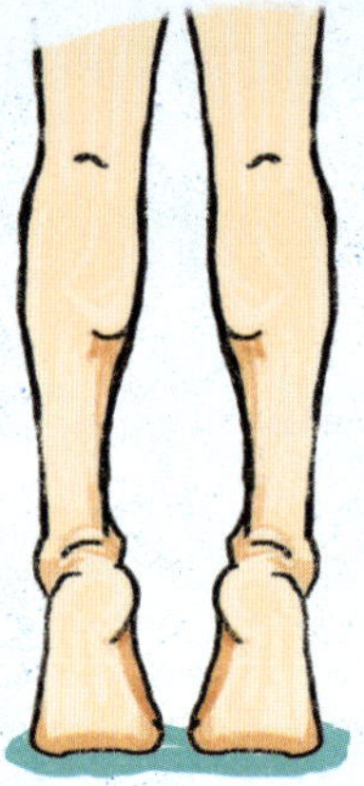

Wenn du dich morgens und abends beim Zähneputzen auf die Zehenspitzen stellst, bekommst du straffe Waden und eine gerade Haltung.

## 212. Bildsprache

Drück deine Stimmung in Emojis aus:

BEGEISTERT

KRANK

MÜDE

BELUSTIGT

TRAURIG

LIEBEND

COOL

ERSCHROCKEN

NACHDENKLICH

# 213. Schuh-Tick

Welche Schuhe findest du cool und welche gehen gar nicht?
Kreuze deine Favoriten an:

# 214. Mein Statement-T-Shirt

Schreibe deinen Lieblingsspruch auf dieses T-Shirt.

# 215. Meine Statement-Tasche

Und welchen Spruch trägst du gern mit dir rum?

# 216. Bunte Streifen

basteln

Masking Tapes sind bunte Klebebänder. Mit ihnen kannst du in kürzester Zeit tolle Geschenke und Deko herstellen. Zum Beispiel Schuhkartons bekleben, Briefe verzieren, Geschenkkarten aufpeppen, Teelichter verschönern und vieles mehr.

**DU BRAUCHST DAFÜR:**

- Beklebbare Materialen
- Schere
- Buntes Masking Tape, das du in tausend verschiedenen Farben, Mustern und Breiten in Bastelläden bekommst

Meine Lieblingsfarbe: kunterbunt!

## 217. Glitzerstern oder Stinkstiefel?

Denk dir Kosenamen für deine Liebsten aus.

- Mama: ____________________
- Papa: ____________________
- Geschwister: ____________________
____________________
- Beste Freundin: ____________________
- Andere Freunde: ____________________

Welche passenden Bezeichnungen findest du für die Menschen, die du echt ätzend findest? Hier darfst du dich austoben.

1. ____________________
2. ____________________
3. ____________________
4. ____________________
5. ____________________
6. ____________________

## 218. Die einsame Insel

Nenne vier Personen und vier Gegenstände, die du mit auf eine einsame Insel nehmen würdest.

1. ____________________
2. ____________________
3. ____________________
4. ____________________
5. ____________________
6. ____________________
7. ____________________
8. ____________________

## 219. Dekoqueen

Schau dich in deinem Zimmer um. Muss da nicht dringend neuer Schwung rein? Verändere mindestens zwei Dinge in deinem Zimmer und stelle einen neuen Deko- oder Wohnartikel auf. Das kann vieles sein: eine Vase, ein Kissen, eine Decke, ein Teppich, eine Schachtel ...

## 220. Fantasie-Mobile

Male, was an deinem Mobile hängen soll.

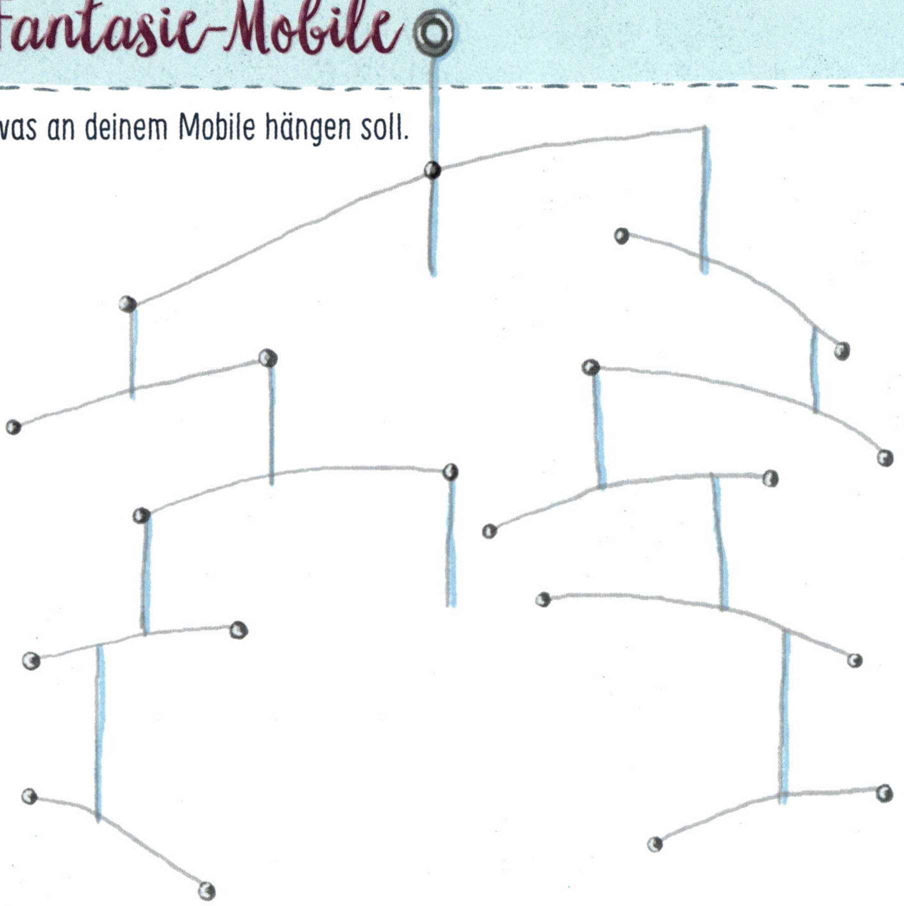

## 221. Die Rolle deines Lebens

Stell dir vor, du bekommst eine Rolle in einem großen Kinofilm angeboten. Welche könnte es sein? Du kannst auch mehrfach ankreuzen.

- ★ Actiondarstellerin
- ★ Agentin
- ★ Alte Frau
- ★ Ärztin
- ★ Bäuerin
- ★ Beste Freundin
- ★ Buchautorin
- ★ Diebin
- ★ Elfe
- ★ Fantasiewesen
- ★ Hexe
- ★ Kommissarin
- ★ Musikerin
- ★ Prinzessin
- ★ Superwoman
- ★ Tänzerin
- ★ Tier
- ★ Tollpatsch
- ★ Tussi
- ★ Verliebte
- ★ Außerirdische

## 222. Walk of Fame

Natürlich bekommst du für deine großartigen Leistungen als Schauspielerin einen Stern auf dem Walk of Fame in Hollywood.

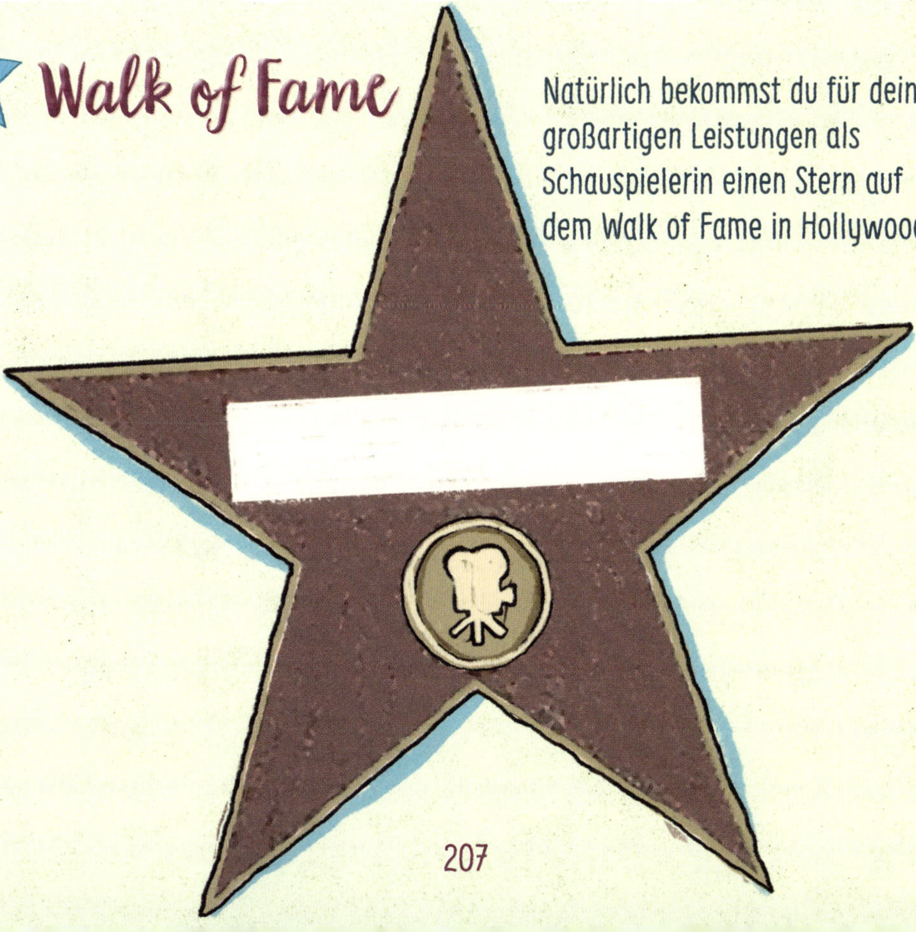

# 223. Wie eine Blase

Die Bubbleschrift ist eine total lustige Schriftart. Sie kommt aus der Graffitikunst. Das Tolle daran ist, dass du sie innen mit Mustern dekorieren und ausmalen kannst. Sie eignet sich hervorragend für Einladungen, Flyer oder eure Schulzeitung.

Versuch deinen Namen und den deiner Freunde in dieser Schrift zu schreiben.

Deko-Muster:

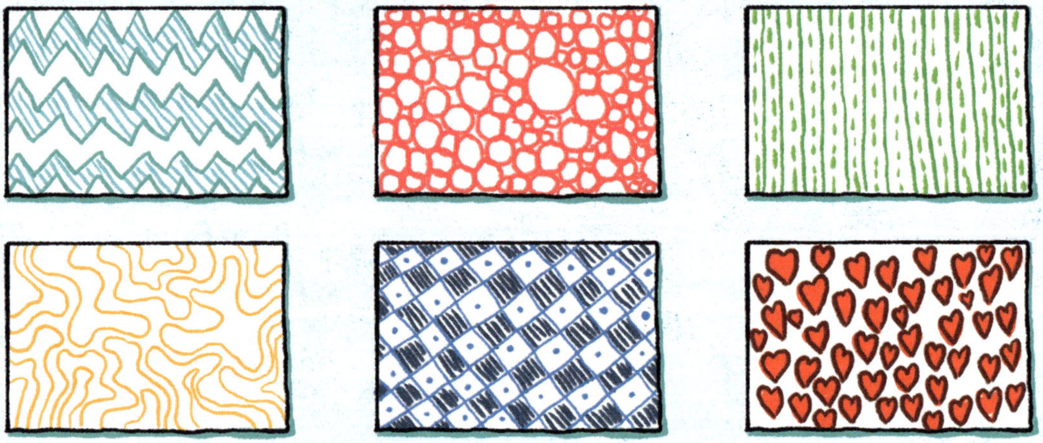

Dein Name:

Namen deiner Freunde:

# 224. Was tust du, wenn ...?

**Schreibe auf, was du in diesen Momenten machen würdest.**

★ Deine Freundin klaut im Drogeriemarkt einen Lippenstift und du siehst das.

★ Du siehst den Freund deiner Freundin mit einem anderen Mädchen in der Stadt.

★ Du findest eine Geldbörse mit Personalausweis und 150 Euro darin.

★ Eine Freundin hat ihr Tagebuch aufgeschlagen liegen gelassen und du bist allein in ihrem Zimmer.

★ Ein Typ, den du gar nicht abkannst, gesteht dir seine Liebe und schenkt dir einen teuren Ring.

TIPP

Denk dir mit deinen Freundinnen eigene „Was tust du, wenn"-Fragen aus! Schreibt eure Fragen auf verschiedene Zettel, faltet sie zusammen und mischt sie in einer Kiste oder einem Beutel. Ihr zieht abwechselnd mit geschlossenen Augen. Oberste Spielregel: Ehrlich sein! Und die Antworten bleiben natürlich unter euch.

# 225. Das ist doch ein Witz!

Was ist gebacken, gesund und spielt den Beleidigten?

ein Schmollkornbrot

Was ist rot und sitzt auf der Toilette?

eine Klomate

Was ist aus Obst und läuft aus der Küche davon?

ein Fluchtsalat

Was schmeckt eklig und schaut durchs Schlüsselloch?

Spionat

Was ist haarig und wird in der Pfanne gebraten?

Bartkartoffeln

Was ist orange, sauer und kann keine Minute ruhig sitzen?

eine Zappelsine

Was ist braun, klebrig und läuft in der Wüste umher?

ein Karamel

Was ist aus Nudelteig, sitzt in einer Konservendose und spielt Musik?

ein Radioli

Was ist grün, glücklich und hüpft von Grashalm zu Grashalm?

eine Freuschrecke

# 226. Feiere die Feste, wie sie fallen!

Aber wie gut kennst du dich mit Festen und Jahreszeitenfeiern aus?
Die Lösungen findest du auf Seite 222.

1. Wie heißt die Zeit, in der sich die Christen auf das Fest der Geburt von Jesus Christus vorbereiten?
   - ◯ a. Pfingsten
   - ◯ b. Advent
   - ◯ c. Weihnachtsferien

2. Wie heißt der Gehilfe vom Nikolaus?
   - ◯ a. Diener Heinrich
   - ◯ b. Knecht Ruprecht
   - ◯ c. Knappe Dietrich

3. Wie nennt man den Tag, an dem die Faschingszeit vorbei ist?
   - ◯ a. Rosenmontag
   - ◯ b. Faschingsdienstag
   - ◯ c. Aschermittwoch

4. Was feiert man an Ostern?
   - ◯ a. die Auferstehung Jesu Christi
   - ◯ b. die Geburt des Osterhasen
   - ◯ c. die Entdeckung des Ostens

5. Welcher Tag ist kein gesetzlicher Feiertag, an dem man frei hat?
   - ◯ a. Gründonnerstag
   - ◯ b. Karfreitag
   - ◯ c. Ostermontag

6. Mit welchem Gegenstand zieht man an St. Martin durch die Straßen?

- a. Kürbis
- b. Laterne
- c. Ährenkranz

7. Welche Deutung trifft auf den Spruch „Süßes oder Saures?" in der Halloweennacht zu?

- a. Süßes oder Streich?
- b. Schokolade oder Essig?
- c. Pudding oder Hering?

8. Was ist der Ramadan?

- a. der Tag der heiligen Margarine
- b. der Name des buddhistischen Weihnachtsmanns
- c. der Fastenmonat der Muslime

9. Wie heißt das christliche Fest, das nach Ostersonntag kommt?

- a. Allerheiligen
- b. Pfingsten
- c. Erntedank

10. An welchem gesetzlichen Feiertag begeht man in Deutschland den „Tag der Deutschen Einheit"?

- a. am 1. Mai
- b. am 17. Juni
- c. am 3. Oktober

# 227. Das bringt Unglück!

Jedenfalls sagen das Menschen, die abergläubisch sind. Aber es ist gut zu wissen, dass man es auf irgendwas schieben kann, wenn man mal Pech hat.

- Eine schwarze Katze, die von links kommt …
  Katzen, schwarz und links standen im Mittelalter für das Böse.

- Wer morgens mit dem linken Fuß aus dem Bett steigt, sollte lieber gleich wieder umkehren. Links ist bööööse.

- Niemals unter einer Leiter durchgehen. Wand, Leiter und Boden bilden ein heiliges Dreieck und wer diese Form betritt, zieht Böses auf sich.

- Keine Messer verschenken. Das Messer steht für Trennung.

- Auch Schuhe sollte man nicht verschenken, da derjenige dann damit davonläuft.

- Einen Regenschirm immer nur draußen öffnen. Wer ihn bereits in der Wohnung öffnet, bekommt Streit mit Freunden oder Familie.

- Wer einen Spiegel zerbricht, hat sieben Jahre Pech. Der Spiegel steht für die Seele und so lange dauert es, um die Seele zu heilen.

- Auch wer Salz verschüttet, soll sieben Jahre kein Glück haben.
  Das liegt daran, dass Salz früher sehr kostbar war.

- Niemals jemanden vor dem Tag seines Geburtstages beglückwünschen.
  Auch das soll ganz viel Unglück bringen, weil man nie weiß, was in der Zwischenzeit noch passieren kann.

- Wenn man stolpert, soll man unbedingt noch mal an die Stelle zurückkehren, sonst wiederholt sich das Unglück. Na, manche kommen dann aber nie vorwärts …

# 228. Schokoladeessen mit Lachkrämpfen

Dieses Spiel kannst du mit deinen Freunden nicht nur an Geburtstagen, sondern auch einfach so spielen. Ihr werdet Tränen lachen.

**DU BRAUCHST:**

- Mindestens zwei Mitspieler
- Ein Würfel
- Eine Tafel Schokolade
- Zeitungspapier
- Klebeband
- Ein Schal, eine Mütze und Fausthandschuhe
- Messer, Gabel, Schneidebrett

## DAS SPIEL:

### VORBEREITUNG:

Die Schokolade wird vor dem Spiel in Zeitungspapier eingewickelt, gut verklebt oder verschnürt und zusammen mit Messer und Gabel auf das Schneidebrett gelegt. Schal, Mütze und Handschuhe liegen daneben. Ihr sitzt – am besten an einem Tisch – drum herum.

### LOS GEHT'S:

Jeder darf reihum einmal würfeln. Wer eine „6" hat, muss sich blitzschnell Mütze, Schal und Handschuhe anziehen und versuchen die Schokolade auszupacken und mit Messer und Gabel zu essen. So lange, bis der nächste Spieler eine „6" würfelt. Der übernimmt dann die Kleidung und das Besteck und versucht sein Glück, ein Stück Schoki abzubekommen. Bis der nächste die „6" gewürfelt hat ...

Wer das letzte Stück Schokolade im Mund hat, bekommt einen Preis, den ihr vorher verabredet habt.

## 229. Zoologie

Stell dir vor: Dein Name ist Dr. Trudhilde Bienenadler-Papageifrosch und du bist eine berühmte Zoologin, die schon mehrere neue Tierarten entdeckt hat. Wie könnten diese beiden Tiere aussehen, die du im Urwald gefunden hast?

### DAS ROSA GLITZERNDE FALKENSCHWEIN

### DIE NEONFARBENE LÖWENKOBRA

## 230. Leuchtend bunt

Die Mandarin-Ente ist ein besonders farbenfrohes Tier.
Male sie bunt aus und benutze viel Glitzer.

## 231. Freundinnentag

Heute ist Freundinnentag. Schreibe die Namen eurer Mädchenclique auf Zettel und denk dir zu jedem Namen ein typisches Kleidungsstück oder Lieblingsaccessoire aus. Dann muss jedes Mädchen einen Namen ziehen und sich genau das Teil der Freundin borgen und für einen Tag anziehen.

232.

# Bunt aufgezogen

Diese Perlenkette braucht unbedingt mehr Farbe und Glitzer.
Male sie nach deinem Geschmack aus.

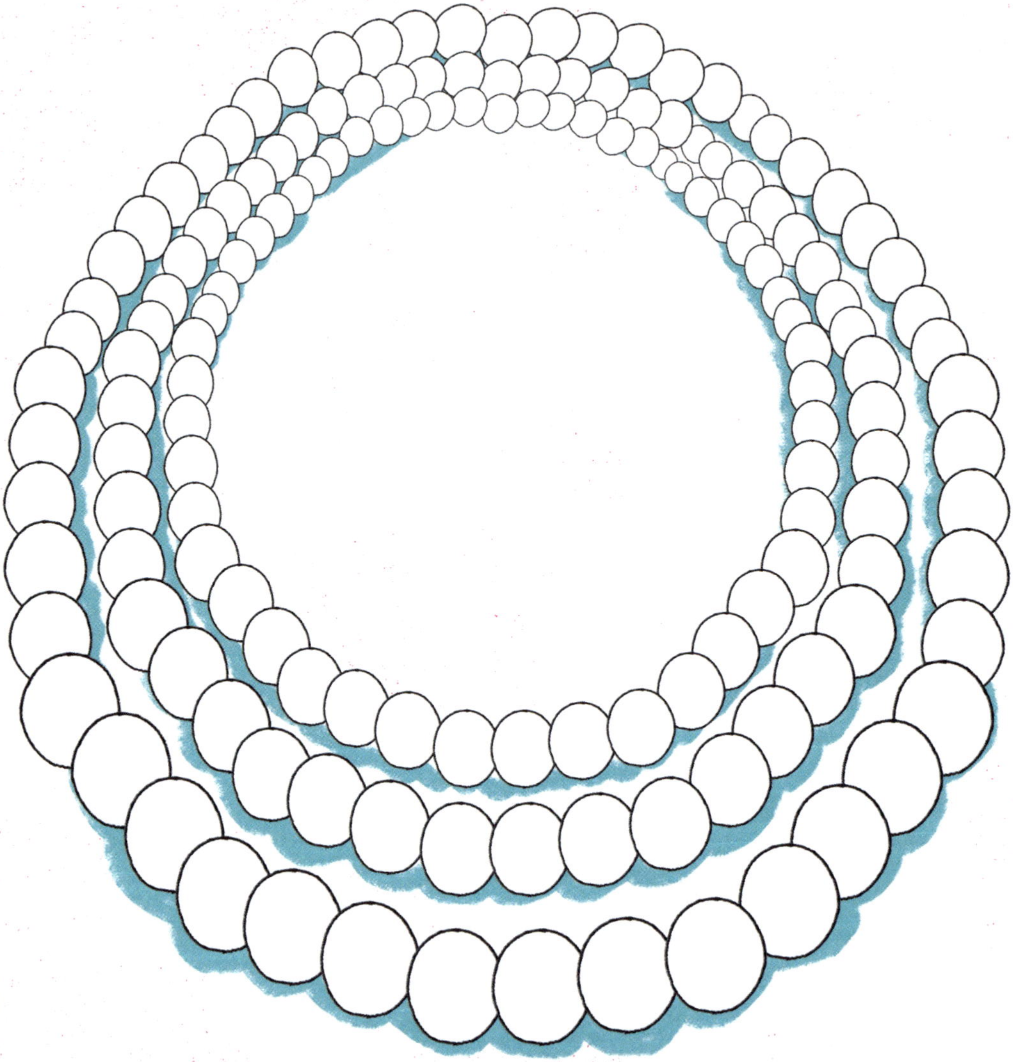

## 233. Der Selfietag

Beobachte dich mal einen Tag lang, indem du jede Stunde ein Selfie von dir machst. Kannst du am Ende des Tages anhand der Fotos deine jeweiligen Stimmungen nachempfinden?

## 234. Gerahmt

Drucke das beste Foto des Tages aus und klebe es hier ein.

# Lösungen

## 16. DAS GITTER DER VERLOCKUNG

| | | | | | | | | | | | |
|---|---|---|---|---|---|---|---|---|---|---|---|
| W | E | S | C | H | O | K | O | L | A | D | E |
| R | T | Z | H | U | I | O | P | I | U | A | S |
| H | D | F | I | G | H | J | K | M | I | O | M |
| A | A | M | P | N | B | V | C | O | L | A | C |
| M | X | A | S | Y | M | V | F | N | H | R | P |
| B | Z | P | H | U | S | K | K | A | A | S | O |
| U | I | I | N | W | A | G | D | D | S | D | M |
| R | F | Z | B | E | D | Ö | N | E | R | H | M |
| G | G | Z | G | K | S | M | S | G | W | K | E |
| E | H | A | N | T | D | E | W | A | E | I | S |
| R | N | F | M | Z | F | R | K | R | M | Z | A |
| M | W | E | I | N | G | U | M | M | I | T | O |

## 23. GLITZERLADY, SPORTSKANONE ODER NATURMÄDCHEN?

Solche Tests machen Spaß. Ihre Auswertung solltest du aber mit einem Augenzwinkern zur Kenntnis nehmen. Also mach dir keinen Kopf, wenn du ein sportliches Naturgirl bist, das Glitzer mag und pinke Sachen trägt.

AUSWERTUNG

35–40 Punkte: Du bist voll die Glitzermaus und das mit viel Selbstbewusstsein. Natur und Sport kennst du von Google, dafür weißt du, was in der Mode und bei den Promis los ist. Tiere magst du gern – solange sie zu deinem Style passen.

24–34 Punkte: Das ist der Beweis: Du bist eine richtige Sportskanone. Ein Leben ohne Sport und Bewegung kannst du dir nicht vorstellen. Du bist ehrgeizig und hast Ziele in deinem Leben.

16–23 Punkte: Ein richtiges Naturmädchen tut keiner Fliege was zuleide. Enge Klamotten sind dir zuwider und frische Luft ist dein Lebenselixier. Zelten würdest du jederzeit einem Hotelurlaub vorziehen.

## 29. HAPPY END

Romeo – Julia | Marge – Homer (Simpson) | Susi – Strolch | Bella Swan – Edward Cullen (Twilight) | Hermine Granger – Ron Weasley (Harry Potter) | EVE – WALL-E | Arielle – Eric | Robin Hood – Lady Marian | Aladdin – Jasmin | Pocahontas – John Smith | Simba – Nala (König der Löwen) | Barbie – Ken |

## 36. DER BUCHSTABENTEUFEL

a. MATHEMATIK | b. SACHKUNDE | c. ENGLISCH | d. DEUTSCH | e. MUSIK | f. SPORT | g. KUNST | h. RELIGION

## 57. KENNST DU DIE SCHON?

Dorothy Gale – Der Zauberer von OZ | George – Fünf Freunde | Ida Kronenberg – Die Schule der magischen Tiere | Kantorka – Krabat | Klara Sesemann – Heidis Lehr- und Wanderjahre | Luise Pogge – Pünktchen und Anton | Luna Lovegood – Harry Potter | Pony Hütchen – Emil und die Detektive | Rosalie Hale – Twilight-Saga | Thekla – Der kleine Ritter Trenk | Violetta – Der geheimnisvolle Ritter Namenlos | Wespe – Herr der Diebe

## 61. DER TRAUMPRINZ AUF DEM WEISSEN PFERD

Auch Testmacher können irren, also nimm das Ergebnis und auch die Sternzeichenkombinationen bloß nicht so ernst. Am besten findest du selbst heraus, wer zu dir passt. Aber Spaß machen die Tests schon, also schau dir dein Ergebnis an:

a. Erfolgreiche Männer, die sich was leisten können, sind ganz dein Typ.

b. Du springst auf lockere und geheimnisvolle Typen an, die nicht zu sehr protzen.

c. Auf coole Hip-Hopper, die ihr Image zur Schau stellen, fährst du voll ab.

## 64. MITTAGESSEN-ORAKEL

| | | | | | | | | | | | | | | |
|---|---|---|---|---|---|---|---|---|---|---|---|---|---|---|
| A | O | W | S | E | D | S | C | H | N | I | T | Z | E | L |
| Z | H | U | R | I | O | P | Ü | L | K | J | M | N | G | I |
| N | Ü | D | E | L | N | O | M | D | V | G | B | E | R | N |
| Z | H | O | I | A | R | K | I | T | A | S | C | H | E | S |
| H | N | G | S | B | F | R | L | G | B | R | T | Z | K | E |
| N | C | E | T | K | H | R | C | S | E | D | V | T | Z | N |
| F | H | I | O | R | T | M | H | D | E | G | N | M | U | E |
| B | E | S | P | E | H | M | R | K | L | O | I | Z | T | I |
| G | N | T | F | H | N | M | E | F | R | I | E | S | T | N |
| T | F | F | A | S | D | J | I | F | H | N | M | K | U | T |
| E | G | E | M | Ü | S | E | S | U | P | P | E | D | G | O |
| D | Y | F | N | M | Z | H | T | G | I | F | B | N | R | P |
| B | R | R | F | I | S | C | H | U | Z | T | F | R | T | F |
| G | O | D | W | R | T | Z | T | U | Z | F | B | H | R | T |
| T | S | N | W | E | R | T | Z | H | A | E | B | G | T | Z |

## 74. DER WERKZEUG-KOFFER

## 97. AUF DEM RÜCKEN DER PFERDE LIEGT DAS GLÜCK DIESER ERDE

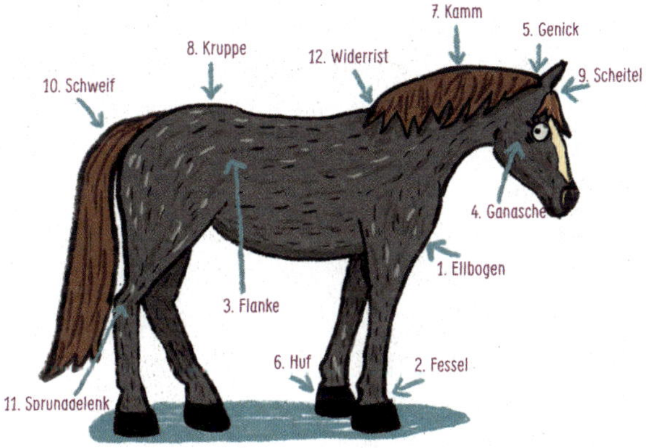


## 98. IST DOCH LOGISCH!

1. Leyla | 2. Aristo | 3. Attila | 4. Chipsy

PFERDEWELT

Erfunden: Gulliver, Harzer, Krabataner

Katzen: Abessinier, Perser, Siam

Hunde: Beagle, Bernhardiner, Neufundländer

Käse: Emmentaler, Maasdamer

## 101. DAS SONNENSYSTEM

Ein Auto braucht von der Erde bis zum Mond 160,2 Tage.

## 124. BIST DU EIN EINHORN?

AUSWERTUNG:

Rosa Pfeile: Du bist ein Vollblut-Einhorn. Dein Lebensmotto heißt: „Meine Probleme löst mein Einhorn."

Grüne Pfeile: Dir fehlt noch ein bisschen Glitzer, um ein Einhornprofi zu sein. Deshalb: „Wenn alles schiefgeht, umarme ein Einhorn!"

Graue Pfeile: Bei dir ist echt Hopfen und Einhorn-Malz verloren! Aber denk dran: Es ist nie zu spät, ein Einhorn zu reiten.

## 139. UNVORSTELLBAR

Schokoladenallergie

## 150. OLD SCHOOL

OHNE FLEISS KEIN PREIS.

## 154. TIERISCH WAS LOS

1c | 2d | 3a | 4a | 5b | 6c | 7b | 8d | 9b | 10c

## 169. BEST FRIEND FOREVER

AUSWERTUNG:

45–50: Dir sind die Werte einer Freundschaft sehr wichtig. Ehrlichkeit und Vertrauen stehen dabei ganz oben auf deiner Freundschaftsliste. Wer dich zur BFF hat, kann sich glücklich schätzen.

34–44: In eurer Freundschaft ist viel los, aber ihr seid nicht immer gleichberechtigt. Trau dich auch mal, deine Meinung durchzusetzen. Eine gute Freundschaft muss Unterschiede aushalten.

20–33: Ihr habt euch sicherlich gern, aber ob es wirklich für eine richtig gute Freundschaft reicht, müsst ihr noch herausfinden.

## 178. DAS IST DOCH MÜLL!

Biomüll (B): Apfelkerngehäuse, Laub, Teebeutel |
Altpapier (A): Zeitung , Karton, alte Schreibhefte |
Gelbe Tonne/Sack (G): Joghurtbecher, Konservendose, leere Zahnpastatube |
Restmüll (R): Windel, Glühbirne, Kerzenstummel

## 180. FREMDE KÜCHEN

Belgien – Pommes frites | China – Peking-Ente | England – Fish and Chips | Frankreich – Croissant | Griechenland – Moussaka | Italien – Pizza | Japan – Sushi | Mexiko – Tortillas | Russland – Piroggen | Schweden – Köttbullar | Schweiz – Raclette | Syrien – Taboulé | Türkei – Döner | USA – Hamburger

## 191. ABSOLUT FAUL

## 196. PROMI-QUIZ

1a | 2b | 3a | 4c | 5c | 6c | 7a | 8a | 9b | 10b

## 226. FEIERE DIE FESTE, WIE SIE FALLEN!

1b | 2b | 3c | 4a | 5a | 6b | 7a | 8c | 9b | 10c

Kein Einhorn ist auch keine Lösung!

# Register nach Seitenzahlen

## KOCHREZEPTE

## KRÄUTER



## LIMONADE



## MUFFINS



## BEAUTY-TIPPS



## GESICHTSMASKEN



## BASTELANLEITUNGEN

# Die Autorin: Nikki Busch

Nikki Busch ist Spezialistin für kreative Denkvorgaben und lebt in Hamburg. Bevor sie die Welt der Bücher zu ihrem Beruf gemacht hat, wollte sie unbedingt Psychologie studieren. Um herauszufinden, wie Menschen so ticken. Dass sie weiß, wie Mädchen ticken, stellt sie mit dem Mädchenbuch unter Beweis: Viele Mädchen sind bunt, kreativ und haben einfach eine Antenne für sich selbst und andere.
Vorbilder sind für sie kluge und starke Frauen, die für ihre Überzeugungen eingetreten sind, wie Rosa Luxemburg oder Sophie Scholl. Was sie gern für ein Tier wäre? Natürlich eine Katze. Die sind herrlich unerziehbar und haben ihren eigenen Willen.
Ihr Lieblingsspruch in stürmischen Zeiten: Du kannst die Wellen nicht aufhalten, aber du kannst surfen lernen.

# Die Illustratorin: Christiane Hahn

Eine Krankenschwester, die kein Blut und keine Spritzen sehen kann? Das sind wirklich keine guten Voraussetzungen. Deshalb hat Christiane Hahn sich dazu entschieden, mit der Farbe Rot lieber Bilder zu malen. Heute arbeitet sie als Illustratorin, Malerin und Grafikerin in Frankfurt und hat bereits vielen Büchern ihren unverwechselbaren Look verliehen.
Ihre Stärken? Ganz klar ihre gelegentliche Sturheit und ihr starker Sinn für Gerechtigkeit. Im nächsten Leben wäre sie ebenfalls gern eine Katze. In diesem Leben ist sie aber froh, ein Mädchen zu sein, denn die haben es einfach so richtig drauf.
Besonders wichtig ist ihr, dass Mädchen ihre Ziele verfolgen und sich nicht verbiegen lassen. Denn: Alles ist gut, was man gerne tut.

# Platz für dich

# Platz für dich

# Platz für dich

# Platz für dich